Eddan: Om Och Ur De Fornnordiska Guda- Och Hjältesångerna, En Populär Framställing - Primary Source Edition

Karl Ljungstedt

EDDAN

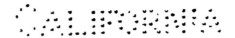

EDDAN

OM OCH UR DE FORNNORDISKA GUDA- OCH HJÄLTESÅNGERNA

EN POPULÄR FRAMSTÄLLNING

AF

KARL LJUNGSTEDT

FIL. D:R

STOCKHOLM

JOS. SELIGMANNS FÖRLAG.

Cohen p. Collection

STOCKHOLM
Isaac Marcus' Boktr.-Aktiebolag
1898.

FÖRETAL.

Detta lilla arbete är blott ett försök att i populär form framställa hufvudinnehållet i de fornnordiska eddadikterna. Att utgifva en ny öfversättning af Eddan har synts förf. både olämpligt och öfverflödigt. I det skick dessa sånger kommit till oss — ofta öfverlastade med mytologiska notiser och belamrade med en mängd namnlistor m. m. — äro de nämligen delvis onjutbara och kunna så till vida endast vara af värde för vetenskapsmannen. Härtill kommer dessutom, att vi redan ega en fullständig och från flera synpunkter förtjänstfull öfversättning af dessa dikter af P. A. Gödecke (Edda. En isländsk samling folkliga forntidsdikter. Stockholm 1877), till hvilket arbete förf. härmed beder få hänvisa.

Det är gifvet, att en framställning sådan som denna af grundtankarna och grundtonen i dessa kväden måste blifva mer eller mindre subjektiv, hvadan förf. ock är fullt medveten om, att mot denna hans individuella uppfattning och skildring af dessa förnsånger många invändningar kunna göras.

Rörande de öfversättningar, förf. låtit inflyta, må nämnas, att han sökt, så vidt det varit honom möjligt, efterbilda originalets värsmått, men däremot bortkastat alliterationen, så vida icke denna af sig själf infunnit sig. Förf:s sträfvan har varit att blott lämna en relativt fri öfversättning, emedan han ansett det vara mest viktigt att söka återgifva andan och tonen i dessa sånger samt, om möjligt, bevara något af originalets doft. Detta gäller särskildt hjältesångerna, i hvilka det poetiska ofta nog mera ligger i själfva stämningen än i innehållet. Att förf. ej mäktat på ett tillfredsställande sätt lösa denna enligt hans egen öfvertygelse nästan olösliga uppgift, är han själf den förste att erkänna.

De isländska namn, som i detta arbete förekomma, har förf. anfört i den form de ega i isländskan i nom. sing. Och som principiell motståndare till all försvenskning af isländska ord har han endast låtit de namn behålla sin svenska form, hvilka redan med full rätt kunna sägas ega en sådan, såsom Oden, Tor m. fl. Då emellertid någon fast gräns mellan dessa och de förra svårligen kan uppdragas, ligger det i sakens natur, att det i detta hänseende ej varit möjligt att iakttaga full konsekvens.

Stockholm i Nov. 1898.

Förf.

INNEHÅLL.

Anmärkta tryckfel.

				står		läs
Sid.	16	rad	13	uppifrån står	bördan.	läs bördan
„	25	„	8	nedifrån „	Allvíssmál	„ Alvíssmál
„	27	„	12	uppifrån „	Sturlason	„ Sturloson
„	„	„	14	nedifrån „	„	„ „
„	33	„	8	uppifrån „	örn	„ orn
„	35	„	15	„ „	Sturlason	„ Sturloson
„	58	„	4	„ „	gifva	„ gifver
„	65	„	10	nedifrån „	förklaring	„ förklang
„	84	„	11	„ „	i åbne	„ i de åbne
„	147	„	13	„ „	åter.	„ åter?
„	174	„	„	„ „	häntyder	„ häntyder på

Inledning.

Det är lätt förklarligt, att de litterära mästervärk, som diktats af ett folks största skalder, när dess civilisation uppnått sin blomningstid, tyckas trotsa seklernas växlingar och ännu af en fjärran eftervärld hvarken kunnat eller hunnit blifva förgätna. Ty den stora, allsidiga människokännedom, den vida, fria blick på lifvet, den djupa, poetiska stämning, som mer eller mindre utmärker dem alla, lyfta dem öfver tidernas skiftande lifssyn och komma dem att stå som upphöjda monument, till hvilka man allt fortfarande blott kan blicka upp med stum beundran. De äro nämligen alla de fullmogna frukterna af en viss tids fullvuxna kultur och därför tyckas de stundom vara så modärna, att man ibland kunde tro dem vara skrifna till och med i dag.

Men egendomligt är, att det äfven finnes sånger, hvilka ingalunda diktats i så att säga denna tidens fullbordan, utan tvärtom i dess första morgon och just till följd häraf i allmänhet ej kunna ega denna tankens mognad och denna

Eddan.   1

reflexionens djup, men hvilka ändock genom sin lätta, poetiska flykt och sin ursprungliga enkelhet i lika eller till och med i än högre grad, huru tiderna än växla, städse bevara en evig ungdomsfriskhet och förefalla trots sin ålder eller måhända just på grund af densamma för hvarje ny generation vara lika nya, sannande i fullaste mening skaldens ord:

>Riktigt gammalt blott är det, som evigt är ungt.»

Det är visserligen sannt, att poesien är en af kulturens vackraste blommor, men det är därför ingalunda så gifvet, att de skönlitterära alster ett folk skapar, då dess bildning står på sin middagshöjd, alltid skola vara de fagraste dikter det frambragt. Ty ofta nog är förhållandet ett helt annat. Civilisation och poesi draga med andra ord ej alltid jämnt. Det är ej i kulturens brännpunkter, som sånggudinnorna städse bäst trifvas. Omgifna af den öfverbefolkade världsstadens bullrande lif, af alla dess jäktande frågor och intressen, af dess slamrande värkstäder och skymmande stenkolsrök längta de stundom ut till naturen — vilja flykta långt bort till ett fjärran land, där i kvällens trollska dunkel, klädda blott i aftondimman och lysta blott af månskensstrimman, elfvorna ännu i ostörd ro få hålla sin lätta bal, där den jungfruliga jorden ännu ej vidrörts af odlarens plog och där det naiva naturbarnets omedelbara tro ännu ej oroats af bildningens alla tusende tankar och tvifvel.

I de stora kulturlanden är marken odlad som

en trädgård. Hvarje minsta jordstycke är på omsorgsfullaste sätt plöjdt och harfvadt och gifver ibland äfven frukt både tiofaldt och hundradefaldt. Men öfver alla dessa yppiga trädgårdssängar, öfver alla dessa för vinden vajande gyllene skördar hvilar det något af guldets praktiska prosa och alla dessa bördiga tegar äro i all sin rikedom dock så fattiga och arma på en växlande blomster-värld. Ty det är ej på denna så gifvande jord, utan djupt inne i den tysta, mossiga skogen, på den glittrande fjärdens klippiga stränder, på den i den vilda fjälltrakten mellan stalper och branter gömda alpmattan, som floran är rikast och skö-nast. Och det är därför ut till vildmarken, som blomstervännen styr sina steg, när han vill söka sitt hemlands vackraste blommor. Och på lik-nande sätt är det mången gång till civilisationens utjordar, till sitt folks vilda, sagorika barndoms-tid, som litteraturforskaren får vända sig, när han vill finna alstren af sitt hemlands fagraste dikt-ning.

Så finnes det till exempel kanske ej något af det jämförelsevis myckna, som bevarats af den rika, mångsidiga fornhelleniska litteraturen, hvil-ket i ädel, enkel skönhet kan mäta sig med de homeriska hjältesångerna. Och dessa blefvo lik-väl diktade redan på den tid, då ännu sagans rosiga morgonskymning låg kvar öfver det vak-nande Hellas.

Förgäfves sökte ett årtusende senare Virgi-lius midt i den öfverbildade romerska världsstaden efterhärma dessa fornkväden. Hans stora hjältedikt blef endast ett aktningsvärdt försök, till sin form väl ett fullödigt mästervärk, till sitt innehåll väl rikt på stora och djupa tankar, men den saknade fullkomligt sin oupphinneliga förebilds underbara flykt i ord och rytm, dess luftiga, doftande poesi, dess ursprungliga friskhet och oskuldsfulla enkelhet. Och den blef därför i all sin formfulländning blott ett konstgjordt konstvärk.

Och på liknande sätt har det gått med alla följande försök.

I hela den modärna europeiska litteraturen finnes det måhända blott ett enda epos, i hvilket man förnimmer en svag genklang af den homeriska sångens grundton, nämligen i den polske skalden Mickiewicz' Pan Tadeusz. Men mycket betecknande är, att ämnet för denna hans hjältedikt är hämtadt från det i kulturell bemärkelse aflägsna Litavens på villebråd ännu så rika skogar och från dess relativt enkla, af den nutida civilisationen så litet berörda medeltida samhällsförhållanden. Och det är ej ens i detta den store polske skaldens yppersta värk, utan i det finska folkets stora national-epos Kalevala, som ungefär samtidigt upptecknades från allmogens läppar i det än mera aflägsna, af kulturen än mindre berörda Karelens kalla ödemarker, som vi åter höra den äkta episka klangen.

Det är således ej i något af det modärna Europas omsorgsfullt odlade kulturland, utan långt bortom odlingens råmärken, i dess ännu obrutna vildmarker, som vi finna någon motsvarighet till den homeriska sången.

Och skulle vi vilja finna en sådan i vår egen Nord, måste vi därför gå tillbaka till de skandi-naviska folkens barndom, till den fornnordiska eddadiktningen under den vilda, bloddrypande vikingatiden, då civilisationen här uppe ännu var en nykommen, främmande gäst. Detta tidsskede var nämligen för oss och våra närmaste frändfolk just en sådan kulturens första vårbrytning, då sagans rosiga morgonskymning ännu låg kvar öfver det vaknande Norden.

Eddasångerna och de homeriska hjältedik-terna äro till följd häraf i mångt och mycket synnerligen lika. Man återfinner i allmänhet i dem båda samma tankens och uttryckets osökta enkelhet, samma underbara med själfva de döda språkljuden oupplösligen förbundna poesi, samma rörande enfald och naiva lifsåskådning; de skildra båda en nästan barnslig hjältevärld, där gudar och människor ännu lefva ett förtroligt samlif med hvarandra och där intet är vanligare än att de förra nedstiga till jorden eller att de senare varda upptagna i de odödligas krets. Allt är i denna unga värld privat och personligt. Några abstrakta, allmänna sociala idéer finnas ej ännu, utan samhället representeras helt och hållet af de enskilda individerna. Dikt och värklighet äro ännu ett och det underbara städse lika naturligt som det naturliga underbart.

Men härmed vare på intet sätt nekadt, att icke de homeriska hjältedikterna och de fornnordiska eddakvädena också i mångt och mycket äro skarpt skilda från hvarandra. Det faller öfver dem båda helt och hållet olika dagrar.

De förra äro diktade i det af hafvet inskurna och genomskurna Hellas, vid de af pinier och cypresser, myrtenbuskar och olivdungar klädda kusterna af Arkhipelagen — detta lilla världshaf i smått — där seglaren sällan eller aldrig hindras af någon dimma, utan vid stranden af den första klippiga ön strax med lätthet i den genomklara luften skönjer de blånande konturerna af den nästa — diktade i det milda luftstreck, där

'naturen bjuder själf den glada mänskan njuta
och leder nöjets dans och knäpper sångens luta
och mellan bäckars sorl och västanvindars gång
själf språket smälter bort i lena toners sång'.

Det hvilar med andra ord öfver den homeriska diktningen — vare sig den skildrar den tappre Akhillevs' och den ädle Hektors lysande bragder eller den förslagne Odyssevs' underbara äfventyr — något ljust och gladt, en lugn harmoni, där hvarje öfverdrift, hvarje otygladt utbrott af hat och lidelse såsom i och för sig oskönt förbjuder sig själft; — det ligger öfver densamma liksom ett återsken af Greklands solbelysta näjder, där den tempererade zonens mera enkla och den tropiska zonens mera yppiga flora sammansmält till ett underligt, måttfullt lagom.

Öfver eddasången faller det däremot en helt

annan dager. Den är sund och frisk, men också tungsint och karg som en nordisk vinterdag. Trots språkets bildbarhet och böjningsrikhet äro de korthuggna, nästan sträfva stroferna ordknappa, som den forne nordbon själf, hvilken »slösade ej ord, men väpnade sin hand». Och tungt falla allitterationerna i det stafrimmade kvädet, som skiftades det ännu väldiga hugg mellan hugfulle kämpar. Det är som dessa dikter komme en osökt att tänka på Nordens mörka, snötyngda furuskogar, på böljornas entoniga klagande sång mot stranden af den vida fjärden, bakom hvars yttersta, kala skär man längst i fjärran skönjer det ödsliga, strandlösa världshafvet. Det är något af becksvart vinternatt och tallösa blindskär på dimhöljd farled i edda-skaldens djupa, dunkla tankar; det är något af den rytande höststormens tjut och bränningens brus, af det vulkaniska Islands förfärliga, ständigt väntade eruptioner i allt det tygellösa hat och all den lössläppta lidelse, som storma fram genom Eddans hjältesånger. Man känner, att dessa kväden äro diktade i det hårda luftstreck, där naturen själf

> 'har gjutit isfylld våg och murat fjällens väggar,
> utöfver snöklädd trakt med dristig hand har satt
> det stormbebodda moln, den norrskenslysta natt'.

Med denna dystra bakgrund stämmer godt öfverens den lefvande känslan af att allt är förgängligt, den djupa uppfattningen af att på hvarje brott måste följa ett straff, och att, syndfull som mänskligheten är, det hvilar en förbannelse ej endast öfver

nästan hvarje ätt och enskild individ, utan ock
öfver hela den varande världen. Man känner sig
stundom nästan benägen att i detta sannt tragiska
grunddrag — hvilket ingalunda är någon 'sorg i
rosenrödt' — se liksom en reflex af Nordens så
korta, flyktiga sommar med all dess af den långa,
mörka höstens frost så tidigt sköflade skönhet.
Ja, det är ibland nära nog något liksom fruset i
dessa kväden, i deras korta, kärfva form, i deras
hopträngda, kärnfulla innehåll, men:

>äfven dikten har sin frusna våg»

och det är poesi, ja icke sällan en poesi af allra
yppersta rang, som ljuder oss till mötes ur dessa
fornsånger. Och detta mången gång i så hög
grad, att man stundom kan rent af blifva frestad
att fråga sig själf, huruvida det värkligen ens
finnes något i hela den senare nordiska littera-
turen, som i enkel, osökt och gripande skönhet
kan mäta sig med dessa namnlösa kväden.

Det är visserligen sannt, att härom kunna
meningarna vara mycket delade, men lika visst
är, att på samma sätt som de homeriska hjälte-
sångerna tyckas de fornnordiska eddadikterna för
hvarje ny generation vara lika nya — tyckas lika
som dessa vara höjda öfver seklernas skiftande
lifssyn och städse bevara samma oförvissneliga
ungdomsfriskhet. Dessa tvänne diktcyklar stå
därför ännu i den dag som är för en beun-
drande, öfverbildad eftervärld som oförlikneliga
mönster. Och att så är, det är vid närmare efter-
sinnande ej heller så underligt, ty de äro ju

båda diktade i kulturens daggfriska morgon, då ännu sagans lätta skymning låg kvar öfver en vaknande värld.

* * *

Den fornisländska poetiska litteraturen brukar man af gammalt indela i två stora grupper: *eddasånger* och *skaldevisor*. Någon fast gräns dem emellan kan visserligen ej uppdragas, ity att flera kväden finnas, hvilka kunna anses tillhöra dem båda, men i sina mest typiska former äro de onekligen ganska skarpt skilda. I allmänhet kan sägas, att eddasångerna äro mera naturliga, skaldevisorna mera konstgjorda, i det de förra representera en i det hela friare och enklare folkpoesi, de senare en strängare, mera lärd konstpoesi. Eddasångerna, hvilkas författare samtliga äro okända, behandla ock nästan uteslutande mytologiska och heroiska ämnen, hvaremot skaldevisorna, ehuru de äfven kunna hafva ett mytologiskt och heroiskt innehåll, vanligen äro lofkväden öfver vissa historiska personer, författade af åtminstone till namnet kända skalder. Den största skillnaden ligger dock i själfva den yttre formen, ity att värsmåtten i skaldevisorna ej endast äro vida strängare och mer invecklade än i eddasångerna, utan äfven snart urarta till en rent af virtuosmessig förkonstling.

Som vi i detta lilla arbete ej vidare komma att sysselsätta oss med denna konstpoesi, vilja vi nu i förbigående yttra några ord om densamma.

De forna nordborna satte ett högt värde på 'skaldskap' och stormännen — konungarna och jarlarna — ansågo det både som en skyldighet och en ära att i sitt hof omgifvas af skalder, hvilka i högstämda äredikter besjöngo deras egna och deras förfäders bragder. Redan hos den förste norske 'enväldskonungen' Harald Hårfager i slutet af 800-talet, ja äfven dessförinnan finna vi åtskilliga dylika norska hofskalder, men snart började detta yrke — ty så kan det med allt skäl kallas — att utöfvas nästan uteslutande af isländare. Och dessa isländska skalder drogo från det ena nordiska hofvet till det andra för att recitera sina lofkväden och för att af den frikostige värden erhålla den väntade rika diktarlönen, hvadan det att vara skald kunde i forntiden med all rätt äfven sägas vara ett ganska lönande näringsfång.

Innehållet i denna konstpoesi är ganska omväxlande. Stundom är det rent *genealogiskt*, såsom i Ynglingatal, hvilken dikt är källan till den ur vår egen historia bekanta Ynglingasagan. Detta kväde författades af en bland Harald Hårfagers hofskalder, þjóðolfr ór Hvine [1]), i senare

---

1) Rörande uttalet af de i detta arbete anförda isländska namn och citat må följande anmärkas:

Akut akcent (') öfver vokal betecknar icke tonvigt, utan blott, att ifrågavarande vokal är lång;

ø betecknar ö-ljud, o kort å-ljud, æ långt ä-ljud; diftongerna ei, au och øy (ey) uttalas ungefär som äj, au och öj (såsom i svenska *fräjd*, tyska *Auge*, svenska *möjlig*);

f uttalas som v i alla de fall, där vi i nysvenskan

hälften af 800-talet och skalden uppräknar i det-samma en viss konung Rognvaldrs förfäder i syfte att visa, från hvilken fräjdad hjälteätt denne härstam-made. Ibland äro dessa skaldevisor rent lyriska ut-gjutelser såsom *kärleksdikter, klagosånger* m. m., af hvilka senare må nämnas Sonatorrek, för-fattad af den mäktige isländske höfdingen och skalden Egell Skallagrímsson († i slutet af 900-talet), hvari han klagar öfver, att han förlorat en af sina söner.

Stundom är det ock en segerrik *drabbning*, som i dem besjunges. Så berättas det t. ex. att när den svenske konungen Erik Segersäll öfver-vunnit sin upproriske brorsson Styrbjörn Starke i det stora slaget på Fyrisvall (i slutet af 900-talet), sporde han, om det ej funnes någon, som med ett kväde kunde föreviga minnet af segern, och då reste sig isländaren þorvaldr Hjaltason och kvad en sång öfver slaget. Vanligen äro dock, som nämnts, dessa skaldevisor lofdikter till någon lefvande eller död härskares ära och minne.

---

teckna v-ljudet med f eller fv (ex. *gefa, gaf, úlfr*), men eljest som f (ex. *fara, för* etc.); g, k och sk uttalas alltid 'hårda', aldrig som j-, tj- och sch-ljud (ex. *gefa, kerling, skina*); h uttalas ungefär som tyskt *ch* i förbindelserna hi, hv, hl, hn och hr (ex. *hjarta, hvi, hlaupa, hnakke, hreinn*), men eljest som h;

bokstafven þ betecknar det 'hårda', bokstafven ð det 'lena' engelska th-ljudet (t. ex. isländska *þing* = engelska *thing*, isländska *faðer* = engelska *father*).

I öfrigt hade bokstäfverna i fornisländskan i allt vä-sentligt samma ljudvärden som i nysvenskan.

Så diktade t. ex. isländaren Hallfreðr Ottarsson Vandræðaskáld († omkr. 1014) en 'drapa' om Olof Tryggvason och en annan om Olof Skötkonung samt efter den förres död i slaget vid Svoldr en s. k. 'erfedrápa' öfver den fallne konungen, hvilken minnessång är ett af de vackraste kväden, som bevarats af denna lärda konstpoesi. Med tiden blefvo dessa skaldevisor till andan allt mer kristliga och som exempel på en dylik så att säga kristnad drapa må anföras isländaren Einarr Skulasons stora ärediikt öfver Olof den helige, hvilket kväde han själf framsade i Kristuskyrkan i Nidaros (Trondhjem) år 1152 i närvaro af konung Øysteinn, den påflige legaten, kardinalen Nikolaus af Albano, och andra stormän. Denna kristliga ton blir efter hand allt vanligare; det är oftare helgonet än hjälten, som besjunges och drapan öfvergår slutligen till en religiös uppbyggelsedikt. En sådan är t. ex. den isländske munken Eysteinn Ásgrímssons († 1361 eller 1366) stora dikt Lilia, en lofsång på 100 strofer öfver jungfru Maria.

Men redan dessförinnan var denna konstdiktning utlefvad. Den siste egentlige isländske fornskalden var den store historieskrifvaren Sturla þorðarson († 1284), en brorson till den än större häfdatecknaren, Islands namnkunnigaste författare Snorre Sturlason († 1241). Skaldevisorna förstummades allt mer och ersattes af rimmade riddardikter, s. k. *riddararimor*, hvilka under Medeltidens sista sekler afsluta den fornisländska poetiska litteraturen.

Af dessa korta antydningar torde framgå, att dessa skaldevisor i allmänhet författades vid ett visst tillfälle af någon särskild anledning och att de till tiden ofta kunna tämligen noga bestämmas. Vi känna dessutom ej allenast namnen på alla dessa skalder — de uppgå samtliga till flera hundra — den rika isländska litteraturen lämnar oss ock ej sällan till och med mycket detaljerade upplysningar om deras lif. Flera äro hufvudpersonerna i en och annan af de gamla släktsagorna och det är mången gång vida lättare att skrifva en lefnadsteckning öfver en sådan isländsk fornskald än öfver en af våra äldre svenska författare. Vi veta slutligen äfven, att denna konstpoesi började idkas redan på 800-talet, att den fortlefde ända långt in på 1300-talet och att 1000-talet var dess egentliga blomstringstid.

Beträffande stil och uttryckssätt förtjäna dessa konstdikter i fullaste mening denna benämning, ty de äro i dessa hänseenden i regeln minst sagdt konstlade. De forna nordborna hyste en stark förkärlek för liknelser och omskrifningar — s. k. *kenningar* — och flertalet af dessa skaldevisor formligen vimla af dylika, ofta ytterst sökta och dunkla 'kenningar'. Till och med de vanligaste, mest hvardagliga föremål blifva på detta sätt omskrifna. Såsom exempel på en sådan kenning må anföras, att i Ynglingatal kallas galgen för 'Signes älskares svala häst'. Uttrycket finner visserligen sin förklaring, när man erinrar sig den gamla sagan om Hagbard och Signe, men att kalla galgen för Hagbards svala häst är obestridligen i alla fall en både sökt och föga träffande bild. Detta är emellertid blott en småsak i jämförelse med följande omskrifning: guden Tor kallas bland mycket annat för 'Lister-stenens Ellas lif-förkortare'. Denna kenning tarfvar i sanning en förklaring och därtill en ganska vidlyftig sådan. Lister är som bekant ett landskap i södra Norge. 'Lister-stenen' betyder naturligtvis egentligen en sten eller möjligen bildlikt ett berg, ett fjäll i detta landskap, men här står detta uttryck i bemärkelsen fjäll i allmänhet. Ella är namnet på en konung i England, hvilken enligt sagan besegrade Ragnar Lodbrok, men sedan dödades af dennes söner. Här är detta egennamn användt i betydelsen konung i allmänhet. 'Lister-stenens Ella' kan således återgifvas med fjällets konung, d. v. s. jätten. Och med 'jättens lif-förkortare' menas helt enkelt Tor, hvars första och främsta plikt var att med sin hammare Mjollner krossa asagudarnas fiender, jättarna, hvadan han ock ofta kallas med en annan långt enklare kenning för 'jättars bane'. Som det nu sist anförda exemplet till fyllest torde visa, urartade denna böjelse för omskrifningar omsider till en rent af intellektuell sport. Skalderna täflade med hvarandra i att upptänka de mest svårtolkade kenningar; åhörarna täflade med hvarandra om hvem som först skulle kunna tyda dessa gåtor, och till den

lycklige pristagarens ära, hvilken kunnat slå ett
sådant rekord, tömde man det bräddade dryckes-
hornet. Till följd häraf blefvo kenningarna efter
hand i bokstafligaste mening allt mer konstgjorda
och urvattnades i samma mån på all värklig inne-
börd, hvadan denna konstpoesi småningom ned-
sjönk till ett tomt, sportmässigt jonglerande med
ord och bilder, öfverträffande hvarandra i inne-
hållslös dunkelhet. Då härtill lägges, att många
bland dessa omskrifningar ha sitt enda raison
d'être i anspelningar på för oss eljest okända
myter, måste de naturligtvis för eftervärlden te
sig än mera oklara och svårfattliga.

Beträffande den rent yttre formen gör denna
konstdiktning i än högre grad skäl för denna
benämning.

Den fornnordiska värsen var i allmänhet ej
i modärn bemärkelse rimmande, utan *allittererande*
och ofta *assonerande*.

Med *allitteration* menas, att i två hvarandra
vidstående värsrader det skall finnas två eller
helst tre betonade stafvelser, som börja med
samma konsonanter eller olika vokaler, så för-
delade, att i första raden det finnes en (eller två),
i andra raden en allitterationstaf. Så t. ex.

Hljóðs biðk allar	(Hören mig alla
helgar kinder,	heliga släkten,
meire ok minne	större som smärre
mogo Heimdallar!	söner af Heimdall!)

(Volospá).

Upp reis Óðenn,	(Upp steg Oden,
aldenn gautr	åldrige härskarn,
ok á Sleipne	och på Sleipner
soðol um lagðe	sadeln lade)

(Vẹgtamskviða).

Detta s. k. stafrim har, bland andra, Tégnér (ehuru tämligen fritt) sökt efterhärma i sin bekanta dikt kung Rings drapa. Vi vilja som ytterligare belysande exempel anföra ur densamma följande strof:

> »Nu rider rike
> Ring öfver Bifrost.
> Sviktar för bördan,
> bågiga bron.
> Upp springa Valhalls
> hvalfdörrar vida,
> Asarnas händer
> hänga i hans.»

Stelnade genljud af detta stafrim återfinnes dessutom i många ännu allmänt gängse ordstäf såsom 'gammal i gårde', 'hus och hem' m. fl.

Med *assonans* menas åter, att i en eller två värsrader tvänne betonade olika vokaler skola åtföljas af samma konsonant (eller konsonanter) — s. k. *halfassonans* — eller att tvänne betonade lika vokaler skola åtföljas af samma konsonant (eller konsonanter) — s. k. *helassonans*. Så bila t. ex. orden *land(et)* och *sund(en)*, *tid(en)* och *mod(et)* halfassonans; orden *land(et)* och *strand(en)*, *tid(en)* och *strid(er)* helassonans.

Äfven af detta stundom s. k. inrim höra vi än i dag ett och annat stelnadt genljud i vissa talesätt såsom t. ex. 'här och hvar', 'morgonstund har guld i mund'.

Det i skaldevisorna ojämförligt vanligaste värsslaget är det s. k. dróttkvætt. Reglerna för detta, kanske ett det svåraste värsslag som finnes, äro följande: Hvarje strof skall bestå af 8 rader och hvarje rad af 6 stafvelser (eller rättare af 3 2-stafviga takter); 2 och 2 hvarandra vidstående rader skola allitterera med hvarandra på så sätt, att i den första raden skall det finnas 2, i den andra 1 allitterationsstaf, och i hvarje udda rad (således i den 1:a, 3:e, 5:e och 7:e raden) skola tvänne stafvelser bilda halfassonans, i hvarje jämn rad (således i den 2:a, 4:e, 6:e och 8:e raden) skola tvänne stafvelser bilda helassonans.

Då det ej ligger utom möjlighetens gränser att på svenska *göra* en dróttkvættsvärs, vill jag för att konkret belysa dessa regler exponera följande i fullaste mening *gjorda* strof:

> *V**åld**ets alla v**äld**en*
> *v**el**at folken d**el**a.*
> *F**ast**än starkt bef**äst**a*
> *f**all**a en gång **all**a.*
> *F**olk**en ren sig f**ylk**a*
> *fr**id**ens kamp att str**id**a,*
> *str**id**ens vilda bl**od**ström*
> *str**äfv**a att förkv**äfv**a.*

Som denna lilla strof blott är för tillfället

fabricerad för att åskådliggöra dessa regler, torde
läsaren välvilligt förlåta, att, ehuru det visserligen
finnes rim (allitterationer och assonanser), det ej
är mycket räson (för att ej ens tala om någon
poesi) i densamma. Men detta värsslag är så
ytterligt svårt, att äfven en skald, huru mycket
han än må ega vårt språk i sin makt, sannolikt
skulle finna det vara en nära nog olöslig uppgift
att skrifva ett svenskt drapa på dróttkvætt. Dessa
alla allitterationer och assonanser vilja nämligen
oupphörligen så klafbinda och vingklippa tanken,
att han knappt kan flaxa, än mindre flyga.

Eftersom fornisländskan var långt formrikare
än vårt modersmål, kunde orden beträffande sin
ställning i satsen i detta språk känna sig vida
mera fria och obundna, men icke desto mindre
var detta värsslag äfven för den fornisländske
skalden nästan för svårt. Också hans tanke blef
af alla dessa stränga regler så klafbunden, att
den ej längre kunde röra sig fritt i dessa sina
själfsmidda bojor. Andan blef i bokstafligaste
bemärkelse i denna konstpoesi dödad af bok-
stafven och äfven i rent formellt hänseende ned-
sjönk därför denna lärda diktning till ett blott
tomt jonglerande med ord.

Men då, när blott det yttre skalet fanns kvar,
satte man så mycket större värde på detta. Man
löpte linan ut och ville söka öfverträffa både sig
själf och andra genom att uppfinna ett, om möj-
ligt, än svårare värsslag. Skalderna bemödade
sig — det torde vara rätta ordet — att skrifva

dikter på dróttkvætt med *dubbla helassonanser i hvarje värsrad* och slogo därmed ett i sitt slag oupphinneligt världsrekord.

Den som säger A, måste ju ock säga B och som det måhända skulle önskas ett exempel äfven på denna variant af dróttkvætt — det s. k. *alhent* — vill jag, ehuru med suckan och bäfvan, exponera till allmänt beskådande äfven följande utgjutelse:

Tig! Dri*ck* tyst m*ig*, fli*ck*a,
ti*ll*! Låt li*ll*an gråta!

Och med detta lilla prof torde både läsaren och författaren ha fått nog!

Dessa konstlade omskrifningar och denna än mer förkonstlade värsbyggnad var den kräfta, som tärde på den lärda skaldediktningen, så att den omsider förlorade all inre lifskraft och till sist blott den yttre, tomma formen af densamma återstod.

Rättvisan fordrar dock det erkännandet, att många af dessa skaldevisor utmärka sig genom en värkligt poetisk skönhet och att äfven denna deras förkonstlade form, när man så att säga väl en gång fått örat öppnadt för dess praktfulla rimflätning, har ett egendomligt behag. Det är nämligen något högstämdt och storslaget i dessa tungt fallande alliterationer, något som påminner om klangen af sammanslagna sköldar i de ständigt återkommande assonanserna. Och i all sin förkonstling var likväl detta dróttkvætt ett värsslag, som väl anstod det fornnordiska lofkvädet. Själfva de stränga, noggrannt iakttagna reglerna vilja liksom erinra oss om de forna kämparnas väl beräknade hugg och lugnt reflekterade dödsförakt och man tycker sig nästan förnimma något af forntida hjältekraft, af armens styrka och viljans stål, i drapans malmtunga, taktfasta gång.

*   *   *

Från många synpunkter äro eddasångerna vidt skilda från denna lärda konstpoesi. De karaktäriseras för det första just genom sin lika osökta som naturliga enkelhet. De representera en med dessa skaldevisor relativt samtida folkpoesi och deras innehåll är därför äfven af öfvervägande episk art.

I den äkta episka diktningen träder skalden så i bakgrunden för sitt ämne, att han själf ej synes. Det är blott hans snille, som genomskimrar och uppbär hans sånger. Och eddakvädenas skalder ha till den grad dragit sig bakom sina egna värk, att en beundrande eftervärld ej ens känner deras tomma namn.

Det är därför minst sagdt svårt att närmare afgöra, när och hvar dessa sånger diktats. Det finnes en rik litteratur öfver detta ämne, men ännu äro dock forskarna rörande dessa spörsmål ingalunda ense. Då det uppenbarligen ligger utom omfånget och syftet med detta lilla arbete att närmare ingå på denna omtvistade fråga, vilja vi inskränka oss till att endast nämna, hvad som i detta hänseende kan anses vara af vetenskapen redan ovederläggligen fastslaget.

Eftersom dessa dikter faktiskt föreligga i handskrifter från 1200- och 1300-talen, är det själfklart, att de måste vara författade *före* denna tid. Vida svårare är att besvara frågan, från hvilket århundrade de äldsta af dessa sånger kunna anses härstamma. För ej så länge sedan hystes af många framstående vetenskapsmän den uppfattningen, att flera af eddakvädena, särskildt de yppersta bland dem, voro diktade redan på den förhistoriska, urnordiska tiden under 500- och 600-talen efter vår tideräkning. Men nu torde det vara obestridbart ådagalagdt, att, åtminstone i den gestalt dessa dikter åt oss bevarats, de omöjligen kunna vara affattade förr än under Vikingatiden. Det var nämligen under detta tidehvarf, som det urnordiska språket genom en mängd obetonade vokalers bortfall allt mer började hopkrympa. Och dessa dikters metriska form blir helt enkelt upphäfd, om man vill återföra orden i desamma till deras urnordiska gestalt. För att belysa detta vilja vi omskrifva de ofvan anförda värsraderna:

Upp reis Óðenn,
aldenn gautr

i deras urnordiska former. De skulle då få följande lydelse:

Up rais WoðinaR [1]),
alðinaR gautaR.

Och de i Volospá förekommande, från metrisk synpunkt likaså fullt riktiga värsraderna:

þórr einn þar vá
þrungenn móðe

måste, omklädda i urnordisk dräkt, få följande utseende:

þonaraR ainaR þar wah
þrunginaR moðe.

Metern blir, som lätt torde inses, härigenom totalt förstörd.

Härmed är emellertid naturligtvis ej förnekadt, att icke flera af de *ämnen*, som i eddakvädena besjungas, kunna härstamma från långt äldre tider och genom tradition från släkte till släkte under seklernas lopp fortplantats. Den stora, tyvärr fragmentariska samling af eddasånger, som behandlar den samgermanska sagan om Sigurd Fafnesbane och Gjukungarna, är bevisligen delvis grundad på af folkfantasien länge fritt ombildade minnen af historiska tilldragelser under den stora germanska folkvandringen på 400- och 500-talen. Och det ligger ju då visserligen inom möjlighetens gräns, att några af dessa sånger kunna vara under Vikingatiden gjorda modärniserade omdiktningar

---

[1]) Med *R* mena vi ett *annat* r-ljud än det vanliga med *r* betecknade. Redan i förlitterär tid öfvergick detta *R* till *r*.

af långt äldre kväden, men härom veta vi åtmin-
stone intet med visshet.

Det faktum att alla dessa dikter äro bevarade
i isländska handskrifter, behöfver naturligtvis ej
bevisa, att de alla måste vara författade på Island.
Många omständigheter tyda tvärtom därpå, att
åtminstone en och annan af dessa sånger kan ha
diktats i andra nordiska land.

Då i Hávamál likförbränningen omtalas så-
som en gängse sed och denna icke synes ha varit
bruklig på Island, tyder detta på, att denna dikt
(eller rättare denna samling af dikter) blifvit för-
fattad i Norge, måhända vid midten af 800-talet.
Rígsþula, i hvilket kväde guden Heimdall under
namnet Rígr uppträder som grundläggaren af
det mänskliga samhället, torde vara diktadt i ett
af norska vikingar eröfradt keltiskt land, sanno-
likt på någon af de skottska öarna, ty namnet
Rígr anses på goda grunder vara lånadt af det
keltiska *ri*, *rig* (= det latinska *rex*, *regis*). I
denna sång omtalas torfskärning som en af trä-
larpas sysselsättningar. Men nu vet man, att det
var Torf-Einarr, jarl på Orkenöarna († omkr.
910), som uppfann torfbränslet. Till följd häraf
tyckes detta kväde ej kunna vara äldre än från
början af 900-talet. Atlamál hin grønlenzko
visar genom sitt blotta namn på Grönland och
äfven andra skäl tala för, att det skulle vara
diktadt därstädes, men som Grönland upptäcktes
först 985, kan, om detta är riktigt, detta kväde
svårligen vara äldre än från början af 1000-talet.

I Volospá förekommer följande synnerligen dunkla strof:

> Sól varp sunnan,
> sinne mána,
> hende høgre
> um himinioðor.
> Sól né visse,
> hvar sale átte,
> máne né visse,
> hvat megens átte.

Ordagrannt öfversatt betyder detta:

Solen, månens följeslagare, kastade söder ifrån sin högra hand om himmelskanten. Solen visste ej, hvar hon hade sin (hvilo)plats, månen visste ej, hvad styrka han hade.

Hvad är meningen med detta mörka tal? Man har sökt sprida ljus öfver detsamma genom följande gissning. Hvad skalden här vill skildra, är en nordisk midsommarnatt ofvan polcirkeln. Han har måhända aldrig förr sett detta egendomliga natursceneri och blir till följd däraf, än mera gripen af detsamma. Månen är uppgången och solen, kommande från söder, dalar sakta ned mot horizonten, men — nescit occasum — hon går ej som vanligt ned att hvila i väster, utan liksom husvill snuddar hon blott med sin nedra kant vid himlaranden och vet ej rätt, hvar hon är hemma. Och månen, som eljest brukar så stolt lysa med sitt lånta sken under nattens tysta timmar, vet ej heller rätt, hur det är fatt. Den

alltjämt strålande solen afkläder honom obarm-
härtigt all hans lånade härlighet och han står
där i den dagsljusa natten så blek och färglös,
som om han hade förlorat all sin styrka.

Skulle denna obestridligen ganska fyndiga
tolkning vara den rätta, så hänvisar oss emeller-
tid denna strof nödvändigt till det nordligaste
Norge, ty knappt Islands nordligaste udde når
upp till polcirkeln. Men det vore dock förhastadt
att häraf draga den slutsatsen, att det *måste*
varit en *norsk* skald, som diktat denna strof.
De gamla isländarna voro mycket reslystna och
det ligger allt fortfarande inom möjlighetens gräns,
att en isländare kan ha författat densamma.

Det är visserligen litet man ännu med relativ
säkerhet vet om eddasångernas hemland och ålder,
men så mycket tyckes dock vara åtminstone ytterst
sannolikt, att om också flertalet af dessa kväden
äro diktade på Island, synes likväl ett och annat
härstamma från Norge och från af norska och
isländska vikingar i närliggande länder grundade
nybyggen. Och skulle äfven en och annan af dessa
dikter vara författad så sent som på 1100-talet
— såsom t. ex. måhända är fallet med Allvíssmál
och Gripesspá — så kan å andra sidan svår-
ligen någon enda vara diktad före 800-talet. Till
allra största delen åtminstone tillhöra således edda-
sångerna Vikingatiden, just det tidehvarf, under
hvilket sagans öfver Norden ännu kvardröjande
skymning allt mer viker undan för historiens
fulla dager.

En annan fråga, som nära sammanhänger med den nu i korthet vidrörda, är den, huruvida äfven i de öfriga nordiska landen — Danmark och Sverige — en denna (norsk-)isländska edda-diktning relativt liknande folkpoesi funnits. På detta spörsmål kan den nutida forskningen gifva ett obetingadt jakande svar, ehuru nära nog intet af denna diktning — åtminstone i original — är bevaradt.

Det förnämsta beviset för, att så värkligen varit förhållandet, föreligger i den danske häfda-tecknaren Saxo Grammaticus' († 1208) på latin skrifna Historia danica. Detta arbete indelas i 16 böcker, af hvilka de 9 första öfvervägande äro baserade på forndanska sagor och sånger, dessa senare alla tyvärr omskrifna på klassiska värsmått och öfver höfvan utsmyckade med blomstrande fraser. Men det oaktadt kan man ibland bakom detta granna omhölje i någon mån skönja konturerna af det kärnfulla originalet. Ämnena för denna forndanska folkpoesi äro delvis de-samma, som besjungas i eddadikterna, men de äro mången gång sedda från en helt annan synpunkt. Så t. ex. återfinna vi äfven hos Saxo Baldersmyten, men under det att i den isländska gudasagan den fromme Balder dödades af den blinde Höder genom Lokes svek, och hans hustru, den trogna Nanna, dog af sorg, när hon fick se sin makes bål, äro hos Saxo konungasonen Hotherus och guden Balderus oförsonliga rivaler, hvilka båda eftersträfva den sköna Nannas hand,

och Saxos sympatier ligga öfvervägande på den
ädle och ridderlige Hotherus' sida. Närbesläktadt
med de egentliga eddasångerna är det s. k. Biar-
kamál en forno, en dikt, som enligt sagan
Boðvarr Biarke skulle ha kvädit för Rolf Krakes
kämpar. Af en tillfällighet äro brottstycken af
denna dikt bevarade både på isländska och i latinsk
öfversättning hos Saxo. Den isländske skalden
Þormóðr Kolbrúnarskáld berättas ha reciterat
denna fornsång på morgonen före slaget vid
Stiklastad, där Olof den helige stupade (den 29
juli 1030), och Snorre Sturlason har i sin stora
norska historia, 'Heimskringla', upptecknat tvänne
strofer af densamma. Saxo har på latin om-
skrifvit en stor del af detta kväde och vi kunna
till följd häraf jämföra hans öfversättning med
det af Snorre Sturlason afskrifna (isländska) origi-
nalet. Som prof på Saxos 'öfversättning' må föl-
jande exempel anföras. Hvad som i originalet
är uttryckt med följande fyra rader:

> Vekka yðr at víne,
> né at vífs rúnom,
> heldr vek yðr at horðom
> Hildar leike.

d. v. s. 'ej väcker jag eder till dryckeslag eller
till förtroligt samtal med kvinnor, utan (snarare)
väcker jag eder till stridsgudinnans hårda lek',
återgifves af Saxo på följande sätt:

> Non ego virgineos jubeo cognoscere ludos,
> non teneras tractare genas, aut dulcia nuptis

oscula conferre et tenues astringere mammas,
non liqvidum captare merum, tenerumve fricare
femen et in niveos oculum jactare lacertos.
Evoco vos ad amara magis certamina Martis.
Bello opus est, nec amore levi; nihil quoque facti
mollities enervis habet; res proelia poscit.

En något fri öfversättning häraf vore:

»Icke kallar jag er till jungfrurs vekliga lekar,
ej till att smeka en kind och icke att ljufliga kyssar
gifva och taga igen eller trycka den svällande
barmen,
icke till bägarnas glam eller vällusttrånande läger,
ej till att mätta er blick med tärnornas snöhvita
former.
Hellre kallar jag er till kampens blodiga lekar.
Strid, men ej älskog jag vill, och den kvinnliga
svaghet
fjärran vike från oss, ty kampens stund är nu inne.»

Det är, som vi se, en ej så liten skillnad
mellan originalets korta, kraftiga och *rena* rader
och Saxos yppigt svällande, blomstrande och
nästan orena 'öfversättning'.

Af det anförda framgår, att ej endast ett
och annat af de ämnen, som i eddasångerna be-
handlas, utan äfven till och med ett och annat
af de i den isländska litteraturen bevarade forn-
kvädena varit i Danmark under dess hjälteålder
bekant. Men häraf framgår ock, att den rika,
för alltid förstummade forndanska folkpoesien
i mycket måste hafva afvikit från den relativt

samtidiga (norsk-)isländska eddadiktningen, hvadan
den stora sagoskatt Saxo bevarat åt eftervärlden
ej gifver det ringaste stöd för, utan snarare veder-
lägger den åsikten, att eddadikterna, åtminstone
den gestalt vi känna dem, i allmänhet varit
kända i Danmark. Den 'eddadiktning', som där
obestridligen en gång blommat, var — om ock
ton och stil tämligen lika den (norsk-)isländska
— likväl en *annan*, delvis behandlande andra,
delvis samma myter och sägner, men då ofta från
en helt olika synpunkt.

Änskönt vårt land ej egt någon Saxo, än
mindre någon Snorre, veta vi dock med full viss-
het, att äfven i Sverige det funnits en forntida
folkdiktning relativt samtidig och måhända äfven
relativt jämställd med de (norsk-)isländska edda-
sångerna. Adam af Bremen († 1076) berättar,
att vid de stora offerfesterna vid Uppsala tempel
reciterades en mängd hedniska och 'skamliga'
dikter. Mycket tyder ock på, att de heroiska
ämnen, som besjungas i Eddans hjältesånger, äfven
varit kända hos oss. På våra talrika runstenar ha
vi äfven ej sällan inskrifter i metrisk form, affattade
i samma värsmått som eddasångerna, och på vår
allra märkligaste runsten, Rökstenen (ristad omkr.
900) ha vi bevarad en strof af ett fornsvenskt
hjältekväde, kanhända handlande om den fräjdade
östgotiske konungen Theodorik den store († 526),
hvilket brottstycke såväl från formell som från
estetisk synpunkt synes stå eddasångerna synner-
ligen nära.

Om det sålunda på grund af det nu nämnda är höjdt öfver allt tvifvel, att både i Danmark och Sverige det funnits en med denna (norsk-)isländska eddadiktning relativt samtidig och jämställd folkpoesi, så är det å andra sidan som sagdt ej mindre visst, att dessa eddasånger, i den form vi ega dem, i allmänhet ej i dessa land varit kända. Vi vilja till sist härpå anföra ännu ett bevis. Det ämne, som behandlas i den kanske mest 'populära' af alla Eddans dikter, þrymskviða, hvilken troligen är författad i Norge, återfinnes i danska och svenska folkvisor, men dessa utgå enligt all sannolikhet från ett *annat* stafrimmadt kväde. Och om således äfven den nu i det hela förlorade forndanska och fornsvenska 'eddadiktningen' i mycket var *lika* den (norsk-)isländska, var den dock därför icke *identisk* med denna.

Eddasångerna äro i många punkter synnerligen dunkla och den dag torde väl näppeligen någonsin randas, då de varda fullt tolkade och förstådda. Själfva språket erbjuder för det första många svårigheter. Stundom hafva orden i dessa dikter en annan betydelse än i den klassiska isländska prosan. Föråldrade uttryck och konstruktioner möta oss esomoftast och åtskilliga ord i 'eddaspråket' återfinnas ej i den senare isländska litteraturen, äro ibland blott en enda gång hittade och det i sådant sammanhang, att deras rätta betydelse är mer än oviss. Härtill komma vidare de talrika anspelningarna på eljest obekanta myter och sägner, hvilket i Eddan är så vanligt. Af den fornnordiska gudaläran och hjältesagan ha i stort sedt blott spridda brottstycken räddats. Dessa äro väl rika på djupa tankar och poetiska skön-heter af allra yppersta rang, men de äro än rikare på oersättliga luckor och dessa här nämnda hän-syftningar äro därför mången gång lika förvillande som upplysande glimtar i mörkret. Och slutligen må det framhållas, att det ingalunda är så lätt för den modärna kulturmänniskan att fullt kunna sätta sig in och *lefva* sig in i denna barnsligt naiva guda- och hjältevärld, och detta är likväl så den första som sista oeftergifliga förutsättningen för att i någon mån kunna fatta och förstå dessa fornsånger.

I afseende på stil och uttryckssätt bilda, som ofvan nämnts, eddadikterna i allmänhet en skarp motsättning till den lärda konstpoesien. Någon gång sakna de till och med alla bilder och det tycks, som sånggudinnan, fullt medveten om, att hennes egen skönhet ej på något sätt kan för-höjas, ville försmå alla yttre prydnader och smycken samt uppträda i grekisk enkelhet och låta sina dikter blott uppbäras af den högsta och skönaste poesi, som finnes — tankens, känslans och stäm-ningens poesi. Vida vanligare är det dock, att man äfven i dessa kväden finner en mängd bilder och kenningar, men dessa äro då i regeln så enkla och klara, att man ser, huru den ursprungliga naturåskådningen genomskimrar dem och de skänka därför dikten ett egendomligt, genomskinligt be-hag. När t. ex. striden kallas 'svärd-ting' — det

ting, på hvilket svärden föra ordet —, när kämpen
kallas 'ringbrytare' — den frikostige höfdingen,
som hugger sönder sin gyllene armring och ut-
delar bitarna åt sina kämpar som segerlön —,
eller när skeppet kallas 'böljgångare' och skägget
'kindskog', så framlocka alla dessa kenningar bak-
om själfva orden en hel värld af ungdomsfriska
bilder, upprulla för blicken en hel serie färgrika
taflor ur de forna nordbornas så yttre som inre
lif. Ibland inträffar det väl, att de vilja öfvergå
till skaldevisornas konstlade och dunkla omskrif-
ningar, men detta är undantag och visar blott,
att gränsen mellan dessa diktarter är, som nyss
sagts, sväfvande, och sällan urartar denna böjelse
för bilder i eddasångerna till en fullt afsiktlig
konstsport.

Beträffande själfva den yttre formen äro lika-
så eddadikterna vida enklare och friare än skalde-
visorna. Allitterationen är väl en oeftergiflig
fordran, men assonansen visar sig blott sporadiskt
och tillfälligt. Det förekommer i dessa sånger
endast trenne värsslag: *Kviðohâttr*, *Mâlahattr*
och *Liððahâttr*, om hvilka vi till sist vilja nämna
några ord.

Det relativt vanligaste värsslaget är *Kviðo-
hâttr*. Det består af 8-radiga strofer och hvarje
värsrad i dess normala form af fyra stafvelser
eller rättare af två 2-stafviga takter; två hvar-
andra vidstående rader allitterera med hvarandra
på så sätt, att vi i första raden skola hafva en
(eller två), i andra raden en allitterationsstaf.

Såsom typiskt exempel härpå anföra vi följande strof ur Völospá:

Sér upp koma
oðro sinne
iorð or æge
iðiagrøna.
Falla forsar
flýgr örn yfer,
sá's á fjalle
fiska veiðer.

(Ser för andra
gången stiga
jord ur hafvet
evigt grön.
Forsar brusa,
örnen späjar
vidt från fjället
efter rof.)

Det andra, mera sällsynta värsslaget är *Málaháttr*. Skillnaden mellan detta och det föregående är endast den, att i detta senare hvarje värsrad i dess normala form består af fem stafvelser eller, rättare sagdt, af en 2-stafvig + en 1-stafvig + en 2-stafvig takt. Såsom typiskt exempel härpå anföra vi följande strof ur Atlamál hin grønlenzko:

Kom þá Kostbera,
kvæn vas hon Hogna,
kona kapps gáleg,
kvadde þá báða.
Gloð vas ok Glaumvor,
es Gunnarr átte,
fellskat saðr sviðre,
sýste um þorf gesta.

(Kom då Kostbera,
hustru till Hogne,
den mycket kloka,
hälsade båda.
Glad var ock Glaumvor,
maka åt Gunnar,
sörjde att intet
brast deras gäster.)

Det tredje värsslaget är *Lióðaháttr*, näst det första det vanligaste, bestående af 6-radiga strofer, nämligen af två s. k. kortrader och en s. k. långrad + två kortrader och en långrad.

De två och två kortraderna allitterera med hvarandra på samma sätt som värsraderna i Kviðoháttr och Málaháttr; i hvardera långraden, som allittererar med sig själf, skall det finnas två (eller tre) allitterationsstafvar. Såsom typiskt exempel härpå anföra vi följande strof ur Hávamál:

Døyr fé	(Dör fä,
døyia fr**æ**ndr,	dö fränder,
døyr **s**jálfr et **s**ama.	själf dör du likaledes.
Ek veit **e**inn,	Ett jag vet,
at aldre døyr:	som aldrig dör:
dómr um **d**auðan hvern	dom öfver dödan man.)

Vi ha härmed sökt lämna några allmänna upplysningar rörande dessa fornkväden. Innan vi öfvergå till en närmare betraktelse af desamma, vilja vi emellertid i korthet redogöra för de handskrifter, i hvilka de blifvit bevarade.

Handskrifter af eddadikterna.

Dessa sänger, af hvilka åtskilliga måste åtminstone genom muntlig tradition länge ha fortplantats, finnas nedskrifna i flera isländska handskrifter, af hvilka ingen dock är äldre än från senare hälften af 1200-talet.

Den äldsta och viktigaste af dessa handskrifter är den s. k. Codex regius (= N:o 2365 4:o i den äldre handskriftsamlingen i det kungliga biblioteket i København, här betecknad med R). Denna märkliga skinnbok hittades omkr. 1643 af isländaren Brynjólfr Sveinsson 'några år' sedan han blifvit biskop i Skálholt på Island (1639), men vi veta ej med visshet hvar eller när han upptäckte densamma. Originalet lät han sända till København, dit det oskadadt lyckligen framkom, men en afskrift däraf, som han dess förinnan lät taga, synes vara förlorad.

Namnet *edda*, som först finnes brukadt om den omkr. 1300 skrifna s. k. Upsala-handskriften af 'Snorre-Eddan' — ett sammelvärk af mytologiska, estetiska och språkvetenskapliga uppsatser, till stor del härrörande från den ofvannämnde häfdatecknaren Snorre Sturlason —, öfverfördes af biskop Brynjólfr på denna af honom funna handskrift, i det han på den afskrift han lät taga af densamma själf tillfogade titeln »Edda Sæmundi multiscii», d. v. s. den mångkunnige Sæmundrs Edda. Man ansåg nämligen, att den lärde Sæmundr Sigfússon (1056—1133) utöfvat en omfattande författarevärksamhet, och biskop Brynjólfr trodde på grund häraf, att denne Sæmundr vore författaren af denna diktsamling. Nu är det visserligen genom senare forskningar till fullo bevisadt, att Sæmundr ej haft det minsta att göra med dessa fornsånger, men namnet (Sæmundar-) Edda har likväl genom tradition och häfd vunnit ett sådant burskap, att detta misstag numera svårligen kan ändras. Handskriften, som rimligtvis härstammar från slutet af 1200-talet, innehåller

största delen af de fornnordiska guda- och hjälte-
sånger, som bevarats. Tyvärr är den icke full-
ständig, utan i densamma finnes en stor lucka —
man vet ej huru stor — hvarigenom en mängd
dikter om Sigurd Fáfnesbane och Gjukungarna
till oersättlig skada för alltid gått förlorade.

Af samma diktsamling ha vi äfven en rest
i en annan handskrift, signerad Codex Arne-
Magnæanus N:o 748 4:o i den Arne-magnæanska
handskriftsamlingen i universitetsbiblioteket i Kø-
benhavn, här betecknad med A. Denna skinnbok
fick den flitige isländske handskriftsamlaren Arne
Magnússon († 1730) af en viss Bær i Flóa på
södra Island. Denna handskrift, som blott inne-
håller ett fåtal af dessa sånger, torde vara skrifven
i början af 1300-talet. Den utgår från samma
original som den föregående, nämligen från en
förlorad samling af dessa dikter, hvilken tyckes
ha kommit till stånd omkr. 1240 och hvilken före-
faller ha varit obekant för Snorre Sturloson, ty
de brottstycken af eddakväden, hvilka han i den
s. k. Snorre-Eddan citerar, synas härröra från en
annan, visserligen liknande, men ej fullt lika dikt-
samling.

Dessa tvänne skinnböcker äro våra hufvud-
sakligaste källor, men eddadikter finnas äfven
spridda i flera andra handskrifter. Bland dessa
nämna vi:

'Codex Wormianus', 'Orms-Edda' (=
Codex Arne-Magnæanus N:o 242 fol. i den Arne-
magnæanska handskriftsamlingen i universitets-

biblioteket i København, här betecknad med W).
Denna handskrift, som härstammar från medlet
af 1300-talet, innehåller bland mycket annat äfven
Rígsþula.

'Flatøyiarbók' (= N:o 1005 fol. i den äldre
handskriftsamlingen i det kungliga biblioteket i
København, här tecknad med F). I detta stora
sammelvärk, skrifvet 1387—1395, finnes Hynd-
loljóð.

'Hauksbók' (= Codex Arne-Magnæanus N:o
544 4:o i den Arne-magnæanska handskriftsamlingen
i universitetsbiblioteket i København, här tecknad
med H). Denna handskrift, hvilken till största
delen är skrifven af den lärde isländaren Haukr
Erlandsson, hvaraf dess namn, innehåller en
uppteckning af Volospá, nedskrifven omkr. 1330.

'Konungs-Edda' (= Codex regius N:o 2367
4:o i den äldre handskriftsamlingen i det kungliga
biblioteket i København, här tecknad med r), en
af de många handskrifterna af den s. k. 'Snorre-
Eddan', skrifven i början af 1300-talet, innehåller
Grottasongr samt fragmenter af andra edda-
dikter.

I åtskilliga unga pappershandskrifter från
1600-talet, här tecknade pp, finnes Grógaldr,
Fiolsvinnsmál och Sólarljóð.

Till eddasångerna kunna ock räknas flera
andra dikter, hvilka både i afseende på sitt inne-
håll och sin form stå dessa synnerligen nära.

Bland dessa må särskildt nämnas kvädena i
Hervararsagan, hvilka utgöra fragment af en

hel diktcykel om Hjalmar den hugfulle och Orvar-Odd, om holmgången på Samsö, Angantyr och svärdet Tyrfing m. m. och hvilka stundom i enkel och storslagen skönhet kunna fullt mäta sig med Eddans yppersta hjältesånger, samt den i Nialls saga ('Njála') upptecknade dikten Darraðarljóð — 'spjutsången' — ett kväde, som i all sin gräslighet dock är buret af en lika vild som gripande poesi.

Vi öfvergå nu efter denna lilla öfversikt af våra källor till att närmare betrakta dessa eddadikter.

De kunna i stort sedt delas i tvänne grupper: *gudasånger* och *hjältesånger*, de förra öfvervägande af mytologiskt, de senare öfvervägande af heroiskt innehåll. Någon fast gräns finnes dock ej heller mellan dessa båda grupper och några dikter, såsom Rígsþula och Hyndloljóð, kunna sägas stå på öfvergången mellan dem båda.

Gudasånger.

Då vi nu vilja i korta drag redogöra för innehållet i dessa kväden, vända vi oss i första rummet till

Volospá
(R H),

det kanske märkligaste bland dem alla.

Det finnes en öfverflödande mångfald poetiska alster, hvilka knappt tåla vid att läsas en enda gång. Men det finnes också andra, hvilka däremot liksom växa och tyckas varda allt större, skönare och djupare för hvar gång man ånyo läser dem.

Den åtminstone till namnet världsbekanta fornsången Volospá — hos oss vanligen kallad *Valans* [1]) *visdom*, ehuru en riktigare öfversättning väl vore *Valans · vision* — tillhör detta senare, mera sällsynta slag. Och detta till och med i så hög grad, att ju mera man söker närma sig denna underbara dikt och intränga i densamma, dess mera tyckes den vilja fly bort för ens blickar och, dragande sig undan till ett obekant fjärran, varda allt mera dunkel och svårfattlig. Under det att i den efemära dagslitteraturens poetiska utgjutelser orden — för att ej tala om tankarna — ofta nog blott äro en lika nödvändig som tom fyllnad i metern, är det tvärtom i denna dikt så, att nästan hvarje ord tycks blifva allt mera innehållsrikt och nästan hvarje strof liksom vidga sig till en särskild liten dikt, ju oftare man läser densamma.

Som fallet är med de flesta af dessa forndikter, har ej heller denna kommit till oss i sin ursprungliga gestalt. Ja, den har af tiden blifvit

---

[1]) Med *vala* — en ombildning af det isländska *volva* menas en sierska, en kvinlig visionär (af jättesläkt), hvilken med sin profetiska blick kunde skåda in i framtiden, ungefär motsvarande hvad som i Antiken menades med *sibylla*.

så illa medfaren, att den i sin nu föreliggande form, kan liknas vid en förvittrad ruin, af hvilken stora delar redan i forntiden sjunkit i grus och hvilken redan då — likasom än i dag — välmenande arkitekter sökt 'restaurera' och utsmycka med lika öfverflödiga som smaklösa tillbyggnader. Men grundmurarna finnas ännu i det hela kvar och kunna i alla fall gifva en fåkunnig eftervärld en svag föreställning om denna fornlämnings en gång lika helgjutna som mäktiga skönhet.

Oafsedt det fragmentariska skick, hvari denna dikt blifvit bevarad, är densamma äfven på grund af en mängd andra omständigheter synnerligen dunkel. Den är t. ex. i hög grad uppfylld med anspelningar på för eftervärlden eljest obekanta myter och ehuru dessa blott i förbigående vidröras, känner man dock, att de skulle kunna, likasom fjällviddens blånande fjärrsyner, visa oss en mångfald af storartade vyer, om vi blott egde sagans trollnyckel och med den i handen kunde öppna ingången till det fördolda. Man känner med andra ord efter upprepade läsningar af detta kväde, att i jämförelse med det lilla man värkligen tror sig förstå, det är så oändligt mycket mera man skulle kunna fatta, om man endast egde denna talisman, i det man anar, att det bakom dessa myter ligger en fond af tankedjup man aldrig kan päjla. Och det är därför denna forn sång allt mera fjärnar sig för vår tankes räckvidd, blifver allt större och dunklare, ju mera man söker närma sig den. Men på samma gång som den på detta sätt allt mer och mer synes aflägsna sig, tyckas dess grundkonturer varda så mycket tyd- ligare, likasom det är först på afstånd man kan fullt öfverskåda den snöhöljda fjälltoppen i all dess öfverväldigande storhet.

Det ämne, denna dikt behandlar, är ock det mest väldiga och storslagna man kan tänka sig, ty det är intet mer eller mindre än hela den varande världens sorgtunga saga allt från dess första skapelse till dess slutliga undergång. Och efter och bakom denna 'gudarnas skymning' skil- dras till sist uppkomsten af en annan, bättre värld, där det onda omsider sjunker till intet och alla lifvets missljud varda upplösta i en enda, oändlig samklang.

Denna valans framställning af världsutveck- lingens gång är dock på intet vis detaljerad. Det är endast de allra viktigaste tilldragelserna i den- samma, som hon i korta, raska drag förtäljer. Hennes tankeflykt går — som den danske forska- ren Rosenberg träffande säger — så högt, att den vidrör blott varats högsta toppar. Alla sina syner kläder hon ock i mytens halft skymmande sago- dräkt, så att det är i en serie af liffulla, målande, fast ofta mörka taflor, hvilka i hastig, stundom nästan ilande fart följa på hvarandra, som hon framställer hufvudepokerna i tillvarons väldiga drama.

* * *

42

Det ligger en underlig, högtidlig klang redan
i de bjudande ord, hvarmed valan uppmanar alla
Heimdalls söner¹) — hela mänskligheten — att
lyssna, när hon för dem vill tälja världens öde:

> Hören mig alla
> heliga släkten,
> större som smärre
> söner af Heimdall!

Hon ser 'vidt och vidt omkring' i alla världar
och sedan hon sökt i sitt minne efter det första
hon kan erinra sig, börjar hon med att skildra
det urtida kaos:

> Det var tidens morgon
> när Ymer ²) lefde.
> Fanns ej sand, ej sjö,
> ej·svala vågor,
> ingen jord och
> ingen himmel,
> blott det gapande
> tomma intet ³),
>
> tills ur hafvet
> landen lyftes

¹) Enligt Rígsþula är, som ofvan nämnts, guden Heim-
dall stiftaren af det mänskliga samhället.

²) Ymer = urtidsjätten, af hvars kropp enligt den
fornnordiska mytologien världen skapades.

³) Denna strof återfinnes, delvis ordagrannt, i den forn-
högtyska dikten *Wessobrunnergebet.*

och det härliga
Midgård [1]) byggdes.
Solens sken på
kala hällen
bragte gräset
till att gro.

Det må i förbigående påpekas, huru märk-
ligt, trots sin mytiska omklädnad, denna valans
första vision *i det stora hela* öfverensstämmer
med de resultat, hvartill den modärna geologien
kommit.

Det döda intets tysta frid är genom detta
spirande lif redan störd. Fröet till alla kommande
tiders tusende strider och — brott ligger och gror,
ty kampen för tillvaron har på sätt och vis redan
börjat. Men ännu står dock lifvet blott i sin
första, löftesrika knoppning. När gudarna nu
framträda och öfvertaga världsstyrelsen, är därför,
'det oket lustigt och den bördan lätt'. Det är
världens första, gyllene, oskyldiga barndomsålder,
till hvilken så många folk i drömmen med längtan
blickat tillbaka, som nu är inne. Och i denna
tidens unga, friska vår äro arbetsglädjen och
lifsglädjen ännu ett:

Asarna möttes
på Idavallen,
timrade höga
hus och tempel,

---

[1]) Midgård (< Miðgarðr) = människornas boning på
jorden, äfven kallad Manhem.

> byggde smedjor,
> gyllne smycken,
> månget nyttigt
> värktyg gjorde.

Brist och nöd voro ej ens till namnet kända; fria från tryckande bekymmer och tärande tankar kunde de glada gudarna i sorglös ro dela sin tid mellan arbete och nöje:

> glada de på
> gården lekte.
> Ingen brist på
> guld de ledo.

Men denna sälla tid var snart förliden; den räckte blott

> till dess trenne
> tursamöar [1])
> kommo dit från
> jättevärlden.

Och härmed inträder ett nytt skede, ty dessa trenne 'mycket mäktiga och mycket vetande' tärnor voro af jättesläkt, d. v. s. härstammade från det ondas värld, och blott den omständigheten, att de blefvo *mottagna* af gudarna var från dessas sida ett eftergifvande för de onda makterna. Genom sin öfverlägsna kunskap — jättarna voro kända för sin visdom — togo också dessa *nornor* på visst sätt världsstyrelsen i sina händer. De spunno nämligen ödets trådar, eftersom de

---

[1]) Turs (< isländska *þurs*) detsamma som jätte.

stiftade lagar
och för mänskors
söner lifvets
gång bestämde.

Gudarna hafva härigenom faktiskt förlorat en
del och därtill en icke ringa del af sin makt och
detta just på grund af sin underlägsenhet i intelli-
gens. De ha gjort den stora upptäckten, att kun-
skap är makt och att utan den mäktar man egent-
ligen intet. Deras oskyldiga, glada barndomslif
är därmed ock för alltid förbi och den främste
bland dem — Oden — inser mer än väl, att intet
pris är för högt för att vinna denna nya kostbara
klenod. Han tvekar därför ej heller att till och
med sätta sitt ena öga i pant hos jätten Mimer
blott för att få dricka vishet ur dennes brunn.
Valan häntyder endast i förbigående på denna
myt, men visar därmed ock, att densamma är
henne väl bekant. Man kunde, om man så ville,
inlägga ett än djupare innehåll i denna vision:
Det var ju från jättarnas värld — det *ondas* hem-
land —, som nornorna kommo till de glada gu-
darna, och det var alltså af dessa, som gudarna
ock tvingades att plocka frukten på kunskapens
träd.

Den växande skörden börjar småningom mogna
och den dag randas snart, då strid och brott
skola fläcka den ännu skuldfria tillvaron. Valan
ser 'vidt och vidt omkring' i alla världar och
minns det första
dråpet på jorden,

> när med spjut man
> Gullveig dräpte
> och den trenne
> gånger födda
> trenne gånger
> måste bränna.

Gullveig — 'gulddrycken' — kan visserligen vara att fatta som en personifikation af denna nu förlidna gyllene tidsålder, men den tanken ligger äfven nära till hands, att hon helt enkelt är en personifikation af själfva guldet. Och i så fall vore det *detta*, som vållat den första striden i världen. Man kan då ock vilja se en särskild betydelse däri, att denna trenne gånger födda guldets gudinna måste ej mindre än trenne gånger brännas och ett förmodligen senare tillägg till denna strof låter oss veta den lika djupa som allbekanta sanningen att

> än dock hon lefver.

Då omedelbart härefter vanerna — hafsgudarna — framställas som asarnas fiender, är måhända detta första dråp i världen en följd af vaners och asars inbördes strid just om guldet. Detta, eller djupare sedt *egoismen*, vore sålunda orsaken till, att för första gången blod blifvit utgjutet. Det är för öfrigt ingen mindre än den förnämste bland asarna — Oden själf —, som samkar denna blodskuld öfver sitt hufvud, ty:

> flög ett spjut ur
> Odens händer,

det var det första
dråpet på jorden.
Asaborgens
murar brötos.
Vaner vildt kring
fälten sprängde.

Stridens fackla är tänd. Det ena brottet
framkallar det andra och detta gift griper allt
mer omkring sig, snart trängande ner till själs-
lifvets innersta djup. Lögn och list, trolöshet
och svek börja bygga och bo i hvarje hjärta, ty:

löften glömmas,
eder svikas,
hvarje aftal
brutet varder.

Det forna glädjens och oskuldens rike har
omvandlats till en sorgens och syndens hemvist,
där äfven den skuldlöse är skoningslöst dömd till
undergång. Balder, renhetens och fromhetens gud,
kan ej längre lefva i denna förpestade värld.
»Glansen är släckt i den Höges sal» och valan
måste för den lyssnande mänskligheten förkunna
det 'sorgtunga' talet att »Balder är fallen»:

Såg hon Balders,
blide gudens,
asasonens
dolda öde.
Upp ur marken
sköt den späda,

48

> smäckra, fagra
> Misteltenen.

Väl vetande, att det ofta blott är en ringa gnista, som kan bringa en hel värld i lågor, att det mången gång är en liten obetydlighet, som kan göra, att ett helt lif blir förfeladt, är hon ingalunda förundrad öfver, att

> detta späda
> skott dock blef ett
> farligt vapen
> i Höders händer.

Och nu, när Balder fallit, gagnar det föga, att den falske Loke ändtligen blifvit fjättrad. Han har fullgjort sitt värf och kan lindra sina marter med den tanken, att nu är gudars och mänskors undergång oundviklig. Men den visa valan vet ock, att till och med den uslaste bland de usla är förtjänt af medlidande, och när hon

> ser i klyftan
> bunden ligga
> lögnens fader,
> lömske Loke,

vill hon äfven berätta för Heimdalls söner, att

> Sigyn [1] sorgsen
> ständigt sitter
> hos sin make.
> Veten I än eller hvad?

---

[1] Sigyn = Lokes maka.

Syndens frukt börjar varda fullmogen. Från
öster — dimmans, köldens och jättarnas hemland

> faller en å
> genom etterdalar
> med dolkar och svärd.
> Sliðr är dess namn.

Straffet följer brottet i spåren och en hvar
måste genom eget lidande umgälla hvad han
brutit. En kvalens boning ser också valan stå
beredd åt de fördömda, ty en

> sal hon stånda
> ser på Nástrand, [1]
> vänd från solen,
> långt i norr.
> Etter droppar
> genom taket,
> på dess väggar
> ormar kräla;
>
> ser där vada
> i tunga strömmar
> män som mördat,
> mened svurit;
> ser där liken
> sugas af Nidhoggr, [2]

---

[1] Nástrand = 'likstranden', de dödas strand.

[2] Nidhoggr = en drake, som äfven gnager på världs-
trädet, asken Yggdrasell.

slitas af ulfven. [1])
Veten I än eller hvad?

Så lyder valans skildring af helvetet. I blott tvänne korta, ordknappa strofer målar hon för oss ett Inferno, nästan gräsligare än Dantes. Och det är att särskildt beakta, att det är 'menedige män och mördare', således de, som på ett *svek-fullt* och *fegt* sätt brutit tro och lofven eller bragt en annan om lifvet, som äro dömda att 'vada i dessa tunga etterströmmar'.

Men helvetet är i själfva verket ej inskränkt till detta de fördömdas plågohäkte. Hela den varande världen är snart vorden ett helvete, ty:

> bröder skola
> hvarandra mörda,
> fränder fläcka
> heligt blodsband.
> Hård är tiden.
> Otukt rasar.
> Ingen vill den
> andre skona.

Världsträdet Yggdrasell börjar vackla, gudarna rådslå och dvärgarna stöna vid stendörren. Måttet är rågadt och bägaren bräddad. Tiden är nu ute för denna af brott och blod så fläckade värld och alla onda makter sammansvärja sig mot densamma. Det är något nästan jagande vildt i de strofer, i hvilka det skildras, huru alla afgrundens

---

[1]) Fenresulfven, en af Lokes söner.

härskaror nu skynda samman till den stundande
världsskymningen:

Hrymr [1]) kommer från öster
med skölden framför sig.
I jättevrede
ormen [2]) sig vrider
piskande vågen.
Örnen [3]) skriar.
Liken slitas af Niðhoggr.
Naglfar [4]) lossnar.

Ett skepp kommer från norr med
dödsrikets gäster
hän öfver hafvet
— Loke vid styret —.
Komma med ulfven [5])
jättarnas söner,
främst bland dem alla
är Byleists broder. [6])

---

[1]) Hrymr = jättarnes anförare.

[2]) Ormen = Midgårdsormen, en af Lokes söner.

[3]) Örnen = Hræsvelgr? (= 'lik-uppslukaren'), en jätte,
som i en örns skepnad sitter vid världens ända och genom
att vifta med sina vingar framkallar vinden.

[4]) Naglfar = ett skepp förfärdigadt af döda människors
naglar. Detta begagna jättarna som farkost, när de fara till
Ragnarök. Enligt en mytologisk afhandling i Snorre-Eddan
— det s. k. *Gylfaginning* — styres det af jätten Hrymr.

[5]) Ulfven = Fenresulfven.

[6]) Byleists broder är en kenning för Loke.

Surtr [1]) kommer från söder
med fladdrande flamman.
Gudarnas sol
mister sitt sken.
Berggrunden skälfver.
Likbleka dödmän
dödsstigen trampa.
Himmelen remnar.

Äfven gudarna samla sig nu till den sista förtviflade kampen, men de stupa alla i denna ojämna strid och till och med Tors 'asastyrka' gagnar honom, 'jättars bane', till intet. Efter att ha dödat Midgårdsormen kan han blott vacklande gå nio steg, innan han faller. Därpå kastar Surtr den allt förtärande flamman öfver denna dödsdömda värld och

solen svartnar,
jorden sjunker i hafvet,
falla från fästet
de strålande stjärnor.
Elden rasar
öfver världen,
högt stiger lågan
mot själfva himmeln.

Den sista akten i det väldiga världsdramat är spelad till slut. Men valan ser ännu en syn, den skönaste af alla:

---

[1]) Surtr = härskaren öfver eldens värld Muspelheimr.

ser för andra
gången stiga
jord ur hafvet,
evigt grön.
Forsar brusa,
örnen späjar
vidt från fjället
efter rof; —

ser med sin fjärrskådande blick, huru ur askan af
den förbrända världen det uppstår en ny himmel
och en ny jord, 'där rättfärdighet uti bor'.

Denna nya värld är, som nu anförda strof
antyder, till sin yttre natur lik den forna och
detta äfven från en annan synpunkt. Visaren på
tidens ur har fullbordat sitt kretslopp och därför
återkommer också urtidens oskuldsfulla barnaålder.
Ånyo mötas asarna på Idavallen och finna där
i gräset de gyllne taflor, med hvilka de i tidens
morgon en gång lekte.

Men denna nya värld är på samma gång
en annan och bättre än den forna. Brist och
brott finnas ej mera och änskönt det onda ännu
ej är fullt försvunnet, är det dock för alltid öfver-
vunnet och kan endast kämpa en hopplös strid
mot det goda, ty där

skola själfsådda
skördar växa,
allt ondt bli bättre,
Balder komma;

skola Balder och Höder
i gudars salar
bo till sammans.
Veten I än eller hvad?

Och i bjärtaste motsats till det hemska pino-
rum valan nyss skådat på Nástrand, ser hon nu
på Gimlé ¹) en annan fridens och glädjens boning:

sal hon stånda
ser mer skön än
själfva solen,
täckt af guld;
där skola dygdiga
skaror bo
och i evighet
lycka njuta.

Världsutvecklingen når ock i denna nya värld
omsider sitt slutliga mål och alla lifvets skärande
dissonanser smälta samman till en enda, evig,
oändlig harmoni, ty till sist

kommer den väldige ²)
till världsdomen,
den starke ofvan,
som styr allt;

¹) Gimlé = det berg i denna nya värld, hvarpå denna
glädjens boning är byggd. Enligt Gylfaginning är det
själfva salen, som heter Gimlé.

²) Den allra högsta guden, hvars namn ej ens valan
tycks känna och hvilket enligt Hyndloljód 'ingen nämna
vågar'.

[domar fäller,
tvister sliter,
stadgar hvad evigt
skall bestå]. [1]

och samtidigt härmed

kommer den mörke,
glänsande draken,
gräslige Niðhoggr,
från Niðafjällen.
Med liktyngda vingar
hän öfver jorden
fjärran han flyger.
Nu tystnar Valan, [2]

ty nu är världens stora saga slutad och hon har
intet mer att förtälja för Heimdalls lyssnande söner.

---

[1] Med [ ] betecknas, att det häraf omslutna blott finnes
i unga pappershandskrifter och således *kan* vara senare till-
satser.

[2] Så öfversättes vanligen denna sista rad, emedan det
i handskrifterna tydligt står »nú mun (man) *hon* søkkvask.»
d. v. s. nu skall hon (valan) försjunka (i tystnad). Men
pronominet *hon* är både öfverflödigt och onödigt tyngande
på metern, hvarför det godt kan strykas som en senare
tillsats, och då finnes det intet språkligt hinder för det an-
tagandet, att Niðhoggr fortfarande är subjekt. I så fall blefve
naturligtvis öfversättningen följande: nu skall *han* försjunka
(till intet). Denna uppfattning hyses t. ex. af H. Gering,
som i sin tyska öfversättning af Eddan återgifver denna rad
med: »doch nun muss er sinken», och nekas kan ej, att
genom denna tolkning blir denna valans sista vision om
möjligt än mera sublim.

Det torde väl villigt medgifvas, att man knappt kan tänka sig något mera sublimt än denna valans allra sista syn. När slutligen den högste guden, »hvars namn man icke nämna vågar», kommer till världsdomen, då flyktar den gräslige Niðhoggr — det ondas symbol — med liktyngda vingar bort ifrån jorden. —

* * *

Det finnes en öfverflödande rik litteratur öfver denna märkliga fornsång, innehållande en mängd olika teorier rörande densamma.

För blott ett par decennier sedan hystes af många den åsikten, att Volospá vore författadt redan på 400-talet e. Kr. eller än tidigare, en uppfattning, hvilken nu, alla öfriga skäl att förtiga, af rent språkliga grunder — som ofvan antydts — är fullkomligt ohållbar. Å andra sidan har för ej länge sedan framställts en alldeles motsatt teori, nämligen den, att detta kväde skulle vara diktadt först på 1100-talet och ej vara något annat än ett försök af en lärd teolog att i de hedniska myternas dräkt kläda den kristna troslärans hufvudsatser. I samband med denna, i författarens ögon än mera orimliga hypotes, må nämnas, att åtskilligt i denna dikt, särskildt valans sista vision, torde vara en reflex af kristna åskådningar, men detta är uppenbarligen något helt annat. Man har vidare framställt den åsikten, att Volospá skulle vara en kompilation af minst tvänne skilda dikter, en af rent kosmogoniskt innehåll och en annan behandlande Ragnaröks-myten. Skulle detta vara riktigt, får man väl dock äfven erkänna, att denne kompilator gjort sin sak ovanligt väl och på ett i sanning under-bart sätt lyckats hopsmälta dessa olika dikter till en.

Det är visserligen sannt, att denna fornsång, i den gestalt den kommit till oss, har vanställts af en mängd interpolationer, men detta är också något helt annat än denna nu sistnämnda hypotes. Det synes författaren som denna åsikt, hvilka stöd för densammas riktighet än må förebringas, dock förutsätter, för att dess tillblifvelse skall kunna för-klaras, att man sett dikten på så att säga allt för nära håll och så fördjupat sig i detaljunder-sökningar, att man, som det heter, »ej sett skogen för bara träd», och till följd däraf ej fått ögat öppnadt för den poetiska enheten i densamma.

Författaren vågar emellertid ej närmare inlåta sig på dessa svåra och omtvistade frågor och han har därför velat inskränka sig till att blott framställa grundkonturerna af denna 'Valans vision', sådana som de, efter upprepade läsningar, sedda på afstånd tett sig för hans blick. Det torde vara öfverflödigt att tillägga, det han är fullt medveten om, att mot denna hans egen 'vision' många tungt vägande invändningar kunna göras.

58

Hávamál.
(R)

Man har med viss rätt sagt, att ingen bland eddasångerna gifva oss en sådan inblick i de forna nordbornas yttre lefnadsförhållanden och inre tanke- lif som denna märkliga lärodikt. Den intager inom den didaktiska poesien samma höga rang som Volospá inom den mytologiskt-visionära diktningen.

I den gestalt detta kväde kommit till oss, kan det liknas vid ett från flera skilda dikter hopplockadt aggregat utan inre reda och ordning. Bortser man från mindre tillsatser och interpola- tioner brukar man vanligen indela detsamma i tre hufvuddelar: *det egentliga Hávamál, Lodd- fáfnismál* och *Rúnatalsþáttr Óðens.* Som de två sistnämnda afdelningarna emellertid äro af vida mindre betydelse, fästa vi oss här egentligen blott vid den första.

Det har så ofta sagts och man vill äfven så gärna tro, att under Vikingatiden, trots den i sanning mörka och blodiga tafla den upprullar för oss, trots all den vildhet och råhet, som i så hög grad äro utmärkande för densamma, voro likväl heder och ära, tro och lofven högt skattade dygder, hvilket allt i viss mån kastar ett förso- nande skimmer öfver denna de nordiska folkens så brottsliga ynglingatid. Den rika isländska litte- raturen lämnar oss också flerfaldiga obestridliga bevis på, att så äfven verkligen var förhållandet.

Men den lefnadsvishet, som den namnlöse författaren af Hávamál förkunnar, är af en helt annan art. Den är till och med stundom så sorgligt modärn, att man kan bli frestad att tro, det han gått i skola hos en likaså ränkfull som svekfull Macchiavelli och att han långt snarare vore ett barn af en öfverbildad, lifstrött civilisation än en son af denna visserligen råa och vilda, men dock naiva och troende forntid.

Han känner så förvånansvärdt och så förfärande väl människorna och världen och till följd häraf har han intagits af en lika hjärtlös som hopplös skepticism. Godt och ondt finnas, strängt taget, ej längre för honom. Den egna fördelen, ja den mest naket ohöljda egoism bör vara målet för all ens diktan och traktan och för att vinna detta mål äro egentligen alla medel lika goda. Ty sådana som människorna faktiskt äro, lönar det ej mödan att kämpa med blanka vapen: det är genom lömskhet och list, falskhet och svek man säkrast och lättast vinner sitt lifsmål: sin egen lycka på bekostnad af andras.

* * *

Faror och försåt möta oss på hvarje steg i lifvet och hota oss oupphörligen med undergäng. Därför må man ständigt vara vaksam och försiktig. Redan i första strofen uppmanar oss också författaren, att så fort vi träda öfver en annans tröskel noga se oss omkring,

ty ovisst är att veta
hvar ovänner sitta
på salens bänkar.

Oafbrutet må man vara på sin vakt och blott sätta sin lit till sin egen klokhet. Onda rådslag ha ofta spunnits mot oss i andras bröst och det är alltid minst sagdt osäkert, hvad vi ha att vänta af andra. Klok bör därför hvar man vara och framför allt den, som vida ströfvar omkring: i sitt eget hus är ju en hvar herre, men kommer man som gäst till en annan, han må vara ens vän eller ovän, då är det bäst att iakttaga en försiktig tystnad, säga blott hvad nödtorftigt är och för öfrigt tiga, under det att man lyss och spejar omkring sig, ty talträngd tunga har mången gång vållat sin egares ofärd.

Så lösmynta som människorna äro, bör man ock städse besinna, att de aldrig kunna bevara någon hemlighet och därför må man på sin höjd blott förtro sig till en, ej till flera, ty

världen vet hvad trenne veta.

Kunskap är makt och på vandringen genom lifvet

bär ingen man
bättre börda
än mycket mannavett.

Men därför vet ock en klok man att taga vara på sitt vett. Han skjuter väl ej bägaren ifrån sig, men dricker med måtta, ty han vet, att

ju mera man dricker
dess mindre man är
herre öfver sig själf,

och att det är »glömskans häger», som sväfvande
öfver dryckeslaget beröfvar människorna deras
besinning och förnuft.

En oklok man är däremot i detta fall till
och med sämre än de oskäliga djuren, ty

hjordar veta,
när de hem skola
och gånga då af gräset,
men oklok man
känner aldrig
sin egen mages mått

och får han blott en klunk för mycket, ligger
genast hela hans själslif öppet som en uppslagen
bok. I oträngdt mål gör han sig gång på gång till
allmänt åtlöje, är strax färdig att skratta åt hvad
som hälst och tror sig veta både ett och annat,
änskönt han

vet ej det
han veta borde,
att han själf är full af fel.

Den stora konsten att kunna rätt nyttja tiden
är för honom också fullkomligt främmande. Han
drönar i stället i onödan bort sitt lif:

ligger och vakar
hela natten,
tänker på likt och olikt.

Är då trött,
när morgonen gryr
och allt ve är kvar som varit.

I sin lättrogenhet inbillar han sig äfven, att
alla, som vänligt le mot honom, äro hans vänner,
men när han kommer på tinget märker han snart,
att få äro de, som vilja föra hans talan.

En klok man förstår åter, att en verklig vän-
skap är en lika sällsynt som kostlig klenod, och
aktar sig noga för att genom någon oförsiktighet
låta densamma gå sig ur händerna. Kan han ej
fullt och fast lita på sin gode vän, så skall han
i alla fall förtroendefullt småle mot honom, föra
på tungan ett fagert tal, fast hjärtat är fullt af
falskhet, och löna lömskhet med list, ty då kan
denne hans vän alltid vara honom till någon nytta.
Och skulle han ega en verklig vän, på hvilken
han fullt och fast kan lita, så skall han tätt och
ofta fara till honom, mycket samtala med honom
och gifva honom värdefulla skänker, ty genom
gåfvor och gengåfvor varar vänskapen längst och
det händer eljest så lätt, att man blir bortglömd
och — hvad vida viktigare och värre är — att
man till följd häraf själf ej får något gagn af
denne sin fulltrogne vän.

Människors vänskap är således ej mycket
värd, äfven om den är af rätta slaget. Och är
den af en mera ytlig beskaffenhet, då brinner den
visserligen hetare än elden under en fem dagar,

men på den sjätte har den redan slocknat och
det är, som om den aldrig ens varit.

Människors gästfrihet är ej heller så mycket
värd och

> dröja bör
> ingen gäst
> länge i samma hus,

ty huru hjärtligt han än i förstone må varda väl-
komnad, blir han dock snart illa sedd, om han
länge sitter på en annans bänkar. Vanligen kom-
mer man ock blott och stör, ty det är ej så lätt
att veta den lämpligaste stunden:

> Allt för tidigt
> kom jag till en,
> allt för sent till en annan:
> Ölet var drucket
> eller än ej brygdt.
> Gäst kommer sällan lägligt.

Men det är visserligen sannt, att nog vore
man gärna sedd, ja blefve till och med både här
och hvar vänligt inbjuden, om man blott ej be-
höfde någon mat till måltiden, eller om det vore
så väl, att i stället för att det hängde *en* skinka
på väggen hos ens bästa vän, när man kom, det
hängde två, när man en gång väl gått sin väg.

Och en kvinnas löfte är mindre värdt än
intet, ty

> på mös ord
> må ingen tro
> ej heller hvad kvinna säger.

På rullande hjul
vardt deras hjärta skapadt
och vankelmod bäddadt i bröstet.

Ja en klok man bör öfver hufvud taget ej lita på något, ty allt är förgängligt i denna värld. Där vexlar allt lika fort som vädret på en fem dagar. Rådligast är det därför, att man ej prisar dagen, förr än kvällen är kommen, sin hustru först, när hon väl är bränd, och ingen mö, förrän hon gifven är. Och en dåre är den, som är viss på, att en tidigt sådd åker skall gifva en rik skörd, eller i förtid gör sig några förhoppningar om sin son, ty hurudan skörden blifver, det beror på väder och vind och huru ens son artar sig, det beror på hans anlag och karaktär, och att på förhand beräkna detta, det är sannerligen mer än vanskligt.

En vis man gör sig därför inga illusioner. Han vet nämligen mer än väl, att det mången gång händer, att man sparar det åt sin ovän, som man ämnat åt sin vän och att

mycket går värr än man väntat.

Det är visserligen sannt, att kunskap är makt och att på vandringen genom lifvet man ej kan bära någon bättre börda än mycket mannavett, men äfven den bördan kan understundom varda allt för tung och det är ingalunda så gifvet, att det alltid länder till lycka att veta allt för mycket:

Måttligt klok
vare en hvar,
allt för klok ingen.

Lifvet ter sig
fagrast för den,
som väl vet hvad han vet.

Måttligt klok
vare en hvar,
allt för klok ingen.
Den är sällan
i hjärtat glad,
som allt för mycket vet.

Måttligt klok
vare en hvar,
allt för klok ingen.
Sitt eget öde
må ingen ana:
då kännas sorgerna lättast.

Det är, som vi se, stundom något rent af
förfärande modärnt i skaldens tankegång. Dessa
nu anförda strofer låta ju nära nog som en för-
klaring till Byrons ord:

›Sorrow is knowledge. They who know the most,
must mourn the deepest o'r the fatal truth.›

Men ehuruväl denna vår så förgängliga, så
trolösa och egoistiska värld blott kan skänka oss
ringa glädje, må vi dock ej se lifvet allt för mycket
i svart. Den vise vet också, att huru usla män-
niskorna än må vara, finnes det likväl ingen, som
är så dålig, att det hos honom ej ändå finnes
något godt, ty

Eddan.

[laster och dygder
bära mänskors söner
blandade i bröstet;] [1])
ingen finns så god,
att han ej lyss till lasten,
ingen så ond, att han ej duger till något.

På någon verklig lycka här i världen kan
visserligen ingen vis man hoppas och alla lifvets
rosor ha för honom för länge sedan vissnat ner,
men den tysta undergifvenhetens bleka blomma
kan i alla fall skänka honom kraft att bära lifvets
börda med manligt jämnmod. Eftersom det ju
hos alla alltid finnes *något* godt, kan ock en
hvar, huru dålig och vanlottad han än är, ändock
vara till något gagn och

den halte kan rida,
den handlytte valla hjord,
den döfve kämpa och duga.
Att vara blind är bättre
än att vara bränd:
ingen har nytta af liket.

Det är — i förbigående sagdt — måhända
svårt att i hela världslitteraturen kunna uppleta
ett så gripande uttryck för en så djup, så human
resignation som denna i sanning minnesvärda
strof.

Men om så är, då har man ej heller rätt att
hängifva sig åt någon veklig, dådlös förtviflan,
utan

---

[1]) Rörande betydelsen af [ ] se ofvan sid. 55.

glad och hurtig
vare en hvar,
medan han bidar sin bane.

Det finnes dessutom något annat, som kan
skänka lifvet ett visst värde, nämligen hoppet om
ett godt eftermäle. Ehuru skalden visar sig vara
en fullblodig skeptiker, som lärt sig af erfaren-
heten, att man egentligen ej bör tro på något,
är det dock *en* förhoppning, som han — likasom
den drunknande griper efter halmstråt — ej kan
släppa: tron på att död mans rykte länge skall
lefva. I märklig likhet med den i det hela mo-
raliskt indifferenta renässansmannen finner Háva-
máls sångare en viss tröst i den tanken, att hans
tomma namn skall i minnets döda Pantheon varda
fräjdadt af en okänd eftervärld:

Bort dör din hjord,
bort dö dina fränder,
bort dör du själf likaledes,
men aldrig dör
den mänskas rykte,
som samkat åt sig ett godt.

Bort dör din hjord,
bort dö dina fränder,
bort dör du själf likaledes,
men *ett* jag vet,
som aldrig dör,
dom öfver dödan man.

Men det är i alla fall ej någon så stor tröst
denna tanke kan skänka. Hvarje människa —

vore hon än aldrig så vis — behöfver dock något annat och mera än detta kalla, abstrakta hopp om att lefva kvar i minnet. Hon behöfver bland mycket annat en fulltrogen vän, för hvilken hon kan öppna hela sitt hjärta. Men den vise vet bäst, att en sådan vän står ingenstädes att finna, eftersom det nu en gång ju så är, att när vi allra fagrast tala, då är det just som vi tänka allra falskast. Och i betraktande häraf är det verkligen väl att ej vara allt för klok, ty sorgen tär den människas hjärta, som ej eger någon, åt hvilken hon helt och fullt kan förtro sig.

Ja, det är nog bäst, att ej vara allt för klok, ty hvarje människa behöfver ock något annat och mera än en fulltrogen vän. Hon behöfver framför allt någon, som hon af hela sin själ kan älska. Men den vise vet äfven så innerligt väl, att ingen finnes, som är värd någon kärlek. Och därför känner han sig så förfärande ensam och öfvergifven, tycker sig vara så öfverflödig, så fattig och arm på lifskraft och lifsmål som ett förtorkadt träd:

Murknad fura
vid gården står,
har hvarken bark eller barr.
Så är den mänska,
som intet kan älska.
För hvad skall hon längre lefva?

* * *

Sådan är tankegången, sådan grundtonen i detta världsbekanta fornkväde.

Det kan ej nekas, att många bland dessa så välmenta och välbetänkta, så kalla och så kloka råd och lärdomar, just emedan de äro så naket sanna, ej sällan tendera att nedsjunka till torr prosa. Eller denna lärodikt har, likasom öfver hufvud all didaktisk poesi, svårt att ständigt hålla sig uppe i sångens lätta, luftiga värld. Men läser man dessa lefnadsregler i deras sammanhang eller, rättare sagdt, söker man ordna dem i den följd, hvari de väl ursprungligen stått, då märker man, huru de alla länka sig i hop till en enda organisk enhet, hvars sammanhållande och uppbärande kraft är den underström af det djupa, på en mogen lifserfarenhet grundade människoförakt, som i mer eller mindre grad framtonar genom dem alla. Och detta förakt tycks varda än mera djupt, än mera bittert, när man varsnar, huru denna strida underström liksom hämmas och saktas i sitt lopp af skaldens humana öfverseende och manliga resignation. Härtill kommer, att dessa hans så kalla, så beräknande, nästan cyniskt egoistiska förmaningar då och då genombrytas af en undertryckt längtan efter ljus och värme, kärlek och tro, hvari man nästan tycker sig höra halfkväfda rop ur ett lidande, på lifvet grymt besviket, men ännu dock varmt klappande hjärta.

Den visa valan visste ock, att denna världen var ond, men med visionärens framåtseende blick kunde hon likväl sia om en annan, bättre värld, där det goda skulle segra och det onda duka under. Hávamáls sångare känner däremot ingen annan värld än denna, men den känner han också i grund och botten. Och därför är hans skildring af densamma så dyster och mörk — det är bilden af en *fallen* värld, som ej förtjänar något bättre öde än att i gudarnas skymning förintas.

þrymskviða.
(R)

Det hvilar, som nämnts, öfver eddasångerna likasom i stort sedt öfver hela den fornnordiska litteraturen ett drag af tungsint allvar, hvilket väl stundom kan slå öfver till ett bittert, skärande, nära på hädiskt hån och än oftare utvecklar sig till en lika gripande som storslagen tragik. Men för det burleska, komiska och humoristiska finnes det till följd häraf i dessa dikter egentligen ingen plats, och denna sida af det sköna är också för dem i allmänhet tämligen främmande. Så mycket egendomligare är det därför, att man i detta fornkväde mötes af en nästan uppsluppen abandon, som utan att häda de höga gudarna dock låter dem framstå i en värkligt löjlig dager.

* * *.

Den hederlige och präktige, fast ej så vidare intelligente Tor finner en morgon till sin för-

skräckelse, att han under nattens lopp blifvit be-
stulen på sin hammare Mjollner, utan hvilken all
hans så beprisade asastyrka egentligen ej är
mycket värd.

Yrvaken börjar han trefva omkring sig, rifver
sig i vanmäktig vrede i hår och skägg, samt ropar
till sist på den listige Loke och anförtror honom
den ödesdigra hemligheten. De begifva sig därpå
båda till den fagra Freyja och bedja att fä låna
hennes fjäderhamn, för att Loke iklädd densamma
må kunna flyga till jättevärlden, där han miss-
tänker, att hammaren är att finna. Den fagra
Freyja samtycker mer än gärna och försäkrar, att
hon utan tvekan skulle låna dem denna, äfven om
den vore af silfver och guld.

Loke flyger därpå åstad och finner snart sin
aning bekräftad, ty det är ingen mindre än själfva
jättedrotten þrymr, som är i besittning af Tors
hammare och gömt densamma åtta mil under
jorden. Detta är visserligen i och för sig be-
tänkligt, men vida värre är, att þrymr, väl vetande
hvad hammaren betyder för Tor, sätter sig på
sina höga hästar och förklarar, att han ej tänker
återlämna den, så vida ej gudarna bekväma sig
till att låta honom fä själfva kärleksgudinnan
Freyja till brud. Obestridligen är detta ett högt
pris, men för hvarje pris måste också hammaren
skaffas till rätta och nöden har, som bekant, ingen
lag. Situationen är nämligen i själfva värket sådan,
att i annat fall äro gudarnas dagar snart räknade.
När därför Loke återkommit från jättevärlden och

underrättat Tor om þrymrs vilkor, begifva sig
båda åter till den fagra Freyja och Tor befaller
henne helt frankt och kallblodigt att omedelbart
göra sig resfärdig:

> Genast till brud
> må du dig kläda.
> Nu skola vi åka
> till jättevärlden.

Men Freyja känner sig ej så vidare smickrad
af jättens frieri och som hon är ett mera man-
haftigt fruntimmer än man skulle kunna tro den
väna kärleksgudinnan om, blir hon så vred, att
till och med »hela asasalen bäfvar» och det kost-
bara Brisingasmycket på hennes hals hoppar upp
och ned, under det att hon yttrar — ej utan
skäl — till Tor:

> Mig må du kalla
> karlgalnast af alla,
> om jag åker med dig
> till jättevärlden.

Goda råd äro nu dyra och alla asar och
asynjor samlas för att öfverlägga om hvad som
är att göra. Då framställer Heimdall det onek-
ligen något vågade förslaget¦ att man nu, när
Freyja är obeveklig, i stället skulle kläda Tor till
brud:

> Låt om honom
> nycklar skramla,
> ned kring knäna
> kjolar falla.

> Bind på bröstet
> breda stenar
> och en slöja
> kring hans hufvud.

Men Tor, själfva styrkans gud par préférence, tycker, att detta vore nästan förnedrande och vredgad utbrister han:

> Fritt må då asar
> käring mig kalla,
> om jag till brud
> mig nu läte kläda.

Men nöden har, som sagdt, ingen lag och då den aldrig hvarken rådlöse eller svarslöse Loke erinrar honom om att

> snart skola jättar
> bygga i Asgård [1]),
> om du din hammare
> strax ej hämtar,

finner sig Tor vara tvungen att göra en dygd af nödvändigheten, hvarpå alla gudarna — i sanning en syn för gudar — skynda att på det sätt, som Heimdall föreslagit, kläda honom till brud.

Den listige Loke är emellertid ej så riktigt säker på, att Tor skall kunna rätt spela sin roll och erbjuder sig därför så innerligt vänligt att följa med som dennes brudtärna. Anbudet mot-

---

[1]) Asgård (< Ásgarðr) = gudarnas värld i motsats till Midgård, människornas värld.

tages naturligtvis med allra största tacksamhet och
när ändtligen Tors toalett är lyckligt och väl af-
slutad, resa således både Tor och Loke till jätte-
världen.

Som de åka med sådan fart, att det dånar i
molnen och marken skälfver — ehuru för tillfället
löjligt utklädd, är Tor dock densamme som alltid
— hör þrymr redan på långt håll, att de komma.
Och i sin förlåtliga stolthet öfver, att de hög-
modige gudarna nu måst finna sig i att låta honom
få själfva kärleksgudinnan till brud, hastar han
att tillreda ett storartadt gästabud, där det san-
nerligen ej är någon brist vare sig på mat eller
dryck.

Tor, som gifvetvis ej kan vara så vidare för-
tjust i den roll han måste spela, tycker att han
ändå skall ha någon påtaglig valuta för att han
på detta sätt måst göra sig till narr, och an-
griper därför den lukulliska anrättningen med en
så strykande aptit — han sätter nämligen i sig
ej mindre än en hel oxe, åtta laxar samt alla
efterrätterna (hvilka voro afsedda äfven för de
öfriga *kvinliga* gästerna) och dricker till allt detta
tre tunnor mjöd — att jätten formligen baxnar
och ofrivilligt utbrister:

> Aldrig en brud
> setts äta så mycket
> eller mera mjöd
> en mö dricka,

och det är ej långt ifrån, att han icke börjar ana,

att det är ugglor i mossen. Men till all lycka
är brudtärnan genast färdig att svara:

> Intet åt Freyja
> på åtta nätter,
> så har hon längtat
> till jättevärlden.

Þrymr inser då ögonblickligen, att hans gryende
misstanke var fullständigt ogrundad och betagen
af svåra kärlekskval lutar han sig ned öfver Tor
för att få kyssa sin älskade brud. Men att till
på köpet låta sig karesseras af jätten, det är
värkligen mer än hvad 'jättars bane' kan smälta
och Tor gifver därför Þrymr ett par ögon så
hvassa som synålar. Förundrad frågar då denne:

> Hvarför äro Freyjas
> blickar så hvassa?
> Eld tyckes brinna
> i hennes ögon.

Åter är det på vippen, att sveket blir upp-
dagadt, men ånyo räddar brudtärnan situationen
med den uppenbart ytterst sannolika underrättel-
sen, att

> intet sof Freyja
> på åtta nätter,
> så har hon längtat
> till jättevärlden.

Denna den väna tärnans trovärdiga försäkran
lugnar åter jätten fullkomligt och för att nu en

gång för alla göra slag i saken befaller han, att hammaren må bäras in och läggas i jungfruns knä, så att de må varda vigda enligt alla tillbörliga ceremonier. Men knappt har Tor känt hammaren i sin hand, förrän han också gör slag i saken och visar sig i all sin oöfvervinneliga gudakraft:

> þrymr drap han först,
> jättedrotten,
> och all hans ätt
> sedan han lamslog.

Listen har således lyckats och hammaren kommit åter i sin rätte egares händer.

* *
*

Ja, det är sannt att listen har lyckats, men det är ock likaså sannt, att det endast var genom den lömske och listige Lokes hjälp. Utan dennes beredvilliga medvärkan hade ju gudarna i själfva värket varit värnlösa och jättarna snart fått fritt husera i Asgård. Kanske är det så, att det äfven på botten af detta uppsluppna skämt ligger gömdt ett tungsint allvar, att det ej blott är Tor, som är utklädd, utan hela detta dråpliga kväde en förklädd klagan? Djupare sedt är det ju nämligen ej allenast 'asasalen' som bäfvar, när Freyja blir vred, utan hela asavärlden. Det är ej längre gudarnas fader Oden, utan lögnens fader, den lömske Loke, som är den egentlige härskaren i Valhall. Det är han, som så ytterligt tjänstaktigt

flyger till jättevärlden — sin egen värld — för
att taga reda på hammaren, det är han, som
genom att slå blå dunster i ansiktet på sin ej så
vidare klyftige frände þrymr i elfte timman räddar
gudarna, — det är med andra ord han, som redan
'sitter vid styret' och håller tyglarna i sina händer.
Och därför är det väl ej blott Freyjas sal, utan
hela Asgård som bäfvar.

Vegtams̓kviða.
(A)

Denna lilla dikt, som endast är ett obetydligt
fragment, skildrar, huru Oden rider ned till under-
jorden för att med trollsånger — 'galder' — upp-
väcka en död 'vala' i syfte att af henne få veta,
hvad de olycksbådande drömmar, som länge hem-
sökt Balder, månde betyda. Det är egentligen
gudarnes ängslan öfver Balders stundande öde,
det att Oden af sierskan får full visshet om, att
Balders undergång är oåterkalleligen bestämd,
samt hennes kval öfver att på detta sätt hennes
frid i grafven skall störas, som utgör det poetiska
i detta brottstycke.

Det börjar fullkomligt abrupt — 'in medias
res' — med en från den förmodligen långt äldre
þrymskviða till största delen lånad strof:

> Då voro alla
> asar på tinget

och asynjorna
alla i samtal.
Mycket undrade
mäktige gudar,
hvarföre Balder
plågats af drömmar.

Som det emellertid ej är stor utsikt för, att denna asars och asynjors rådplägning skall kunna leda till något resultat, beslutar Oden att själf rida ned till de dödas värld för att få visshet:

Upp steg Oden,
åldrige härskarn,
och på Sleipner [1])
sadeln lade.
Ned han red till
dödens rike,
där honom mötte
rasande hunden. [2])

Blodig var denne
på bröstet och länge
vildt han skällde mot
trollsångens fader. [3])

---

[1]) Sleipner = Odens åttafotade häst.

[2]) Hunden = 'den nordiske Kerberos', under namnet Garmr äfven omtalad i Volospá.

[3]) Trollsångens fader är en kenning för Oden, som kunde kväda sådana trollsånger — galder — att till och med de döda reste sig upp ur sina grafvar.

Fram red Oden
— dånade jorden —,
kom till de dödas
höga boning.

Anländ till ort och ställe uppsöker Oden en
plats, där han vet en vis vala ligga jordad och
börjar på hennes graf kväda sådana galder, att
hon slutligen mot sin vilja måste vakna till lif.
Vredgad frågar hon, hvad det är för en okänd
man, som på detta sätt väcker henne ur dödens
sömn. Länge har hon varit höljd af snö, länge
har hon piskats af regn och bestänkts med dagg
— död har hon länge varit.

Som valan är af jättesläkt och således en af
gudarnas fiender, anser Oden det rådligast att ej
för henne yppa, hvem han är, utan kallar sig för
Vegtamr:

Vegtamr jag heter,
son är jag Valtamrs,
tidender vill jag
från dödsriket veta.
För hvem äro ringar
på bänkarna lagda
och golfvet beströdt
med guldet, det röda?

Det är just ingen så vidare glädjande under-
rättelse, som den motvilliga valan nu lämnar
honom. Oden finner tvärtom sina mörkaste aningar
besannade, ty valan svarar:

Mjöd ren är brygdt åt den
väntade Balder.
Sköldar ha lagts öfver
skummande drycken,
under det gudarna
ängsliga rådslå.
Tvungen jag talat.
Nu vill jag tiga.

Men som Oden inser, att han här torde få
veta, hvad han *måste* veta, tvingar han valan att
åter tala:

Tig icke, Vala!
Dig vill jag fråga,
tills jag fått veta
allt hvad jag önskar.
Hvem skall då Balders
baneman blifva
och Odens son
lifvet beröfva?

Valans svar lyder:

Höder skall späda
telningen taga.
Han skall Balders
baneman blifva
och Odens son
lifvet beröfva.
Tvungen jag talat.
Nu vill jag tiga.

Men den vetgirige Oden är ännu ej nöjd
utan fortfar att spörja:

Tig icke, Vala!
Dig vill jag fråga,
tills jag fått veta
allt hvad jag önskar.
Hvem skall på Höder
dråpet då hämna
och Balders bane
bära på bålet?

Ånyo är valan tvungen att svara:

Rindr föder Vale
i Västersalar,
denne Odens son skall
nattgammal kämpa.
Ej händerna tvår han,
ej hufvudet kammar,
förrn buren på bålet
är Balders bane.

Oden framställer därpå ännu ett spörsmål,
hvilket tycks vara lika dunkelt och svårt att be-
svara för valan som för oss, men hvilket dock
är af den art, att hon förstår, med hvem hon
talat, och längtande att åter få stiga ner i sin
graf beder hon nu Oden att rida tillbaka till
Valhall:

Hem rid nu Oden,
nöjd med din vishet!
Ingen mig åter
tvingar att tala,
förr än när Loke
fjättrarna sliter

och allt störtar samman
i gudarnas skymning.

Det är ej utan, att man tycker sig höra liksom en viss ironi i denna valans uppmaning till Oden att »nöjd med sin vishet» rida hem. Mycket har han visserligen fått veta, men det är ej något gladt budskap han har att förkunna för de ängsligt bidande gudarna, när han omsider återkommer till Valhall.

Vafþrúðnesmál.
(R)

Knappast någon af Eddans sånger har blifvit bevarad i ett så oskadadt skick som denna vackra dikt och den kan måhända därför bättre än någon annan gifva oss en föreställning om, huru helgjutna dessa kväden i sin ursprungliga gestalt väl en gång varit.

Som Vafþrúðnesmál nästan uteslutande behandlar rent mytologiska frågor, är det visserligen från denna synpunkt för forskaren af oskattbart värde, men kan också just till följd häraf ej vara af något vidare allmänt intresse, hvadan en utförligare redogörelse för dess innehåll torde i detta lilla arbete hvarken vara behöflig eller ens lämplig. Men detta hindrar på intet vis, att icke denna dikt, sedd i sina stora grunddrag, lika väl kan ega ett för oss alla stort värde.

Hufvudinnehållet i densamma är nämligen intet mer eller mindre än en kamp på lif och död mellan den ypperste bland gudar och den ypperste bland jättar, och det är här ej frågan, om hvem som är *starkast*, utan om hvem som är *visast*, den främste guden, Oden, eller den främste jätten, Vafþruðner. På grund häraf utkämpas ock den betydelsefulla striden dem emellan ej med svärdet, utan med tankens blanka vapen, allt under det att de båda kämparna sitta vänskapligt sida vid sida tillsammans i den vise jättens sal. —

Vi minnas, att det var den omständigheten, att trenne 'mycket vetande' tursamöar — nornorna — kommo från jättevärlden till gudarnas värld, som först störde de senares bekymmerslösa, glada ungdomslif, lärde dem, att kunskap var makt och att de i detta hänseende måste söka täfla med, ja om möjligt öfverträffa sina dödsfiender, jättarna, hvarföre ock gudarnas fader, Oden, till och med satte sitt ena öga i pant hos jätten Mimer blott för att få dricka visdom ur dennes brunn. Och Oden söker äfven sedan oaflåtligen öka sin kunskap, öfvertygad om, att detta slutligen och sist vore det enda möjliga medlet att åtminstone uppskjuta den stundande undergången. Men det var från jättarna gudarna måste hämta sin visdom och Oden är ej heller okunnig om, att dessa städse söka förkofra sig i denna idrott. Ständigt orolig, som han är, lämnar honom den tanken ingen ro, att jättarna också häri kunna komma att besegra honom, och han brinner där-

för af ångestfull längtan att få mäta sina krafter
med den visaste bland dem alla. Äfven den sorg-
ligaste visshet är ju bättre än en ständigt ängs-
lande ovisshet, och omsider besluter han sig där-
för, ehuru med en viss tvekan, att uppsöka Vaf-
þrúðner. Törhända att det pris han betalat för
sin kunskap varit allt för dyrt. Kan han ej med
vetandets svärd öfvervinna sin farligaste fiende,
då är kampen i sanning hopplös och, ehuruväl
Tor lyckligt och väl återfått sin hammare — den
råa styrkans vapen — gudarnas öde snart oåter-
kalleligen afgjordt.

Det är denna bakgrund, som i första hand
skänker ett sådant spännande intresse åt denna
dikt. Men detta blir än större genom det liffulla
sätt, hvarpå denna strid är skildrad. Dikten är
allt igenom hållen i dialogform och frågor och
svar följa omedelbart på hvarandra. Det är något
i dessa lugnt beräknade och säkra repliker, som
kan komma en att tänka på den store norske
skaldens ord: »Hist inde i åbne læresale står kam-
pen. Dag og glæde er over striden og over de
stridende. Ordets piler hviner; viddets hvasse
sværd knittrer i slaget» — men »de salige guder
sidder ikke smilende i skyen», ty det är ej Hellas'
solljusa, utan Nordens snötunga himmel, som
hvälfver sig öfver kampen, och därför afvaktar
Frigg i Valhall med orolig ängslan Odens åter-
komst. Intresset stiger med hvarje replik, ty man
vet hvad det gäller, om gudarna äfven i vetandets
värld skola besegras af jättarna, och det är detta,

som förlänar denna fornsång en sådan värkligen *dramatisk* spänning, hvilken ock är dess egentliga sammanhållande poetiska bärkraft.

* * *

Dikten börjar med ett samtal mellan Oden och Frigg:

Oden:

Råd mig, Frigg,
när nu mig lyster
fara till Vafþrúðner.
Ifrig jag är
att känna den åldrige
jättens prisade visdom.

Frigg:

Hellre jag ville,
att Valfader blefve
hemma i gudars gårdar,
ty ingen jätte
tror jag så vis
vara som Vafþrúðner.

Oden:

Mycket jag farit,
mycket jag frestat,
mycket jag makterna pröfvat.
Nu har jag gripits
af längtan att se
den fräjdade jättens salar.

Frigg:

Lyckligt du fare
lyckligt du åter
må komma tillbaka från färden!
Klokhet dig höfves,
om du nu skall
täfla i visdom med jätten.

Man hör, att båda äro ovissa om och oroliga
för utgången. Skulle äfven Oden segra i denna
strid, torde kanske dock segern blifva dyrköpt nog.

Oden begifver sig emellertid åstad och när
han inträder i Vafþrúðners sal, hälsar han jätten
sålunda:

Hell dig, Vafþrúðner!
Nu är jag kommen
för att dig själf få skåda.
Det vill jag veta,
om du är vis
eller allvis, jätte.

Öfver detta djärfva språk blir Vafþrúðner
både förvånad och sårad och frågar med vredgad
ton:

Hvem är väl du,
som här i min sal
vågar att så mig hälsa?
Med lifvet du kommer
ej ur mitt hus,
om ej du den visaste är.

Oden, som älskar att resa så att säga inkog-
nito och först, när rätta stunden är inne, vill yppa

hvem han är, ger sig ut för att vara en fattig
vandrare vid namn Gagnráðr och besvarar därför
jättens barska fråga med följande ord:

Gagnráðr jag heter.
Kommer från färden
törstig till salarna dina.
På länge ett vänligt
ord jag ej hört
och längtat efter ditt möte.

Detta är tillräckligt, för att Vafþrúðner skall
förstå, att det ej är någon vanlig landstrykare
han har framför sig, och det är med en helt annan
ton han nu spörjer:

Hvarför då, Gagnráðr,
stanna på golfvet?
Sätt dig här på min bänk,
så skola vi pröfva,
hvem som är visast,
gäst eller åldrig jätte.

Men Oden, som anser det vara klokast att
spela sin antagna roll till slut, svarar:

Fattig man,
som kommer till rik,
säge blott hvad som tarfvas.
Talträngd tunga
har ofta en vållat
ofärd hos kallsinnad värd

— en strof, som i så hög grad erinrar om Háva-
mál, att man kan tro den vara lånad ur detta
kväde.

Vafþrúðner börjar nu att känna sin gäst på pulsen och frågar honom:

> Säg mig det, Gagnráðr,
> när du på golfvet
> fresta vill din lycka,
> hvad heter den hästen,
> som drager den ljusa
> dagen hvar morgon till världen?

Ögonblickligen svarar då Gagnráðr:

> Skinfaxe är det,
> som drager den ljusa
> dagen hvar morgon till världen.
> Prisad han är,
> som ypperst bland hästar.
> Städse lyser hans man.

Och så fortfar Vafþrúðner att fråga och Gagnráðr att svara, tills den förre slutligen förvånad utbrister:

> Vis är du gäst!
> Stå ej på golfvet!
> Sätt dig i sätet hos mig!
> Om våra hufvuden
> slå vi nu vad
> och täfla om hvem, som är visast.

Härmed varda rollerna ombytta. Det är hädanefter den fattige vandraren Gagnráðr, som frågar, och den vise Vafþrúðner, som svarar. Och frågor och svar följa blixtsnabbt på hvarandra som korsade klingor. Guden och jätten kämpa sin för-

tviflade ·strid på lif och död om första platsen i
vetandets värld, under det att de alltjämt till det
yttre sitta vänligt och fredligt bänkade samman
i salen. En närmare redogörelse för detta deras
intellektuella envig kan af nyss anförda skäl ej
vara af något mera allmänt intresse, men följande
strofer må anföras såsom ett litet exempel på de
forna nordbornas i sanning 'natursköna' uppfatt-
ning af myterna och på den för eddadiktningen så
karaktäristiska, med själfva de döda språkljuden
oupplösligen förbundna poesien:

Gagnráðr:

Säg mig för det nionde,
om du vis vill kallas
och du det vet, Vafþrúðner,
hvadan kommer vinden,
som far öfver vågen?
Aldrig man ser honom själf.

Vafþrúðner:

Hrǽsvelgr han heter
— sitter vid himlens ände —
en jätte i örns gestalt.
Från hans vingar
säges vinden komma
öfver all vår värld.

Gagnráðr:

Säg mig för det tionde,
då du alla gudars
öden vet, Vafþrúðner,

hvarifrån kom Njord
till asars söner,
när ej han var fostrad bland gudar?

Vafþrúðner:

I vaners värld
skapade honom visa makter
och sände som gisslan till gudar.
I tidernas slut
skall han åter vända
hem till visa vaner.

Så skifta frågor och svar, alla, som sagdt,
lika lugnt beräknade och lika noga öfvertänkta i
oafbruten följd mellan de båda kämparna, tills
Gagnráðr slutligen i ångestfull häpnad utbrister:
du är allvis, jätte!

Och åter igen äro goda råd dyra. Oden
måste segra. Och därför framställer han omsider,
väl icke utan en viss motvilja, följande för honom
själf föga angenäma fråga:

Mycket jag farit,
mycket jag frestat,
mycket jag makterna pröfvat.
Hvad skall väl blifva
Odens öde,
när världen störtar samman?

Men Vafþrúðner blir ingalunda svaret skyldig.
Äfven *detta* vet han:

Ulfven [1]) skall
sluka gudars fader,
men detta skall Viðarr [2]) hämna.
Odjurets kalla
käftar han klyfver
på världens sista dag.

Men Oden *måste* segra. Och därför måste
han också till sist framställa till jätten ett spörs-
mål, som han på förhand vet, att denne lika litet
som någon annan kan besvara:

Mycket jag farit,
mycket jag frestat,
mycket jag makterna pröfvat.
Hvad hviskade Oden
sin son i örat,
förrn denne blef buren på bålet?

Nu inser Vafþrúðner — hvad han väl länge
anat — med hvem han skiftat visdomsord, och
med stolt resignation svarar han:

Ingen det vet,
hvad *du* i urtiden
hviskat din son i örat.
Med dödsdömd mun
jag länge har talat.
Du städse är visast af alla.

* * *

---

[1]) Ulfven = Fenresulfven.
[2]) Viðarr = 'den tyste guden', en af Odens söner.

Kanske, när allt kommer omkring, det ändå
varit klokast, om Oden stannat hemma i Valhall.
Till det yttre har han visserligen segrat, det är
sannt, men det är också allt. Det är den nästan
allvise, 'onde' jätten, som fallit med obefläckad
ära, hvaremot det kan vara tu tal om, huruvida
den 'gode' gudens slutliga seger värkligen är så
ärofull. Ty var det väl med tankens *blanka*
vapen han vann densamma? Det var ju allenast
genom ett knep, värdigt ej honom, utan den
lömske Loke, som han till sist kunde göra sin mot-
ståndare svarslös? *Moraliskt* sedt är det snarare
jätten, som har segrat, och guden, som dukat
under. Och det är väl därför ej med så lätt
hjärta, som Oden äfven denna gång rider hem
till Valhall. Segern var sannerligen mer än dyr-
köpt.

Grímnesmál.
(R, A)

Denna dikt är på samma gång synnerligen
lika och synnerligen olika den nu senast behand-
lade. De äro nämligen båda af nästan uteslutande
mytologiskt innehåll, men under det att Vafþrúð-
nesmál bevarats i ett sällspordt fullständigt och
helgjutet skick, är det knappt någon eddasång,
som blifvit så interpolerad och vanställd af senare
tillsatser som Grímnesmál. Man kunde vilja likna
detta kväde vid en lappmosaik, hopsydd af bitar

från en mängd skilda dikter, och att få någon reda i detta virrvarr är ingalunda lätt. Emellertid har man i detsamma trott sig kunna skönja åtminstone tvänne större diktfragment, det ena behandlande Odens besök hos sin fosterson, konung Geirrøðr, och det andra af kosmogoniskt innehåll.

Åter finna vi Oden ute på vandring, men det är ej denna gång till jättarnas, utan till människornas värld han styr sina steg. Och han för ej heller nu några så vidare glädjande minnen med sig hem.

Han har fordom uppfostrat en konungason Geirrøðr, hvilken blifvit en mäktig härskare. Men det går onda rykten om denne och Oden vill själf öfvertyga sig om, huruvida dessa äro sanna. Det berättas för Geirrøðr, att det skall komma till honom en trollkunnig man, hvilken ej ens den argaste hund vågar anfalla. Och denne kommer, en enögd främling höljd i en blå kappa, kallande sig Grímner. Som han ej vill säga något mera, låter konungen sätta honom mellan tvänne eldar för att pina honom till att yppa, hvem han är. Åtta nätter sitter så den okände mellan de tvänne eldarna och det är ingen annan än Geirrøðrs tioårige son Agnarr, som visar honom någon vänlighet, i det att denne bjuder Grímner en svalkande dryck — det är med andra ord endast det ofördärfvade *barnet*, som har något medlidande med den okände vandraren. Men när slutligen elden från de båda bålen hunnit så långt, att det börjar brinna i Grímners kappa, då begynner han kväda

en sång, i hvilken han förråder en så vidt-
omfattande kunskap om hela gudavärlden, att man
måste vara både stockblind och stendöf för att
ej förstå, hvem den enögde främlingen är. Geirrøðr
begriper likväl intet, förr än Oden omsider nämner
sig med sitt rätta namn, men då befaller han
också genast, att guden skall frigifvas. Som han
reser sig upp, tappar han emellertid sitt svärd,
faller omkull öfver detsamma och får därigenom
sin bane, hvarefter sonen Agnarr — barnet —
väljes till konung. —

Det heter ju: 'Hvad du gjort emot en af
dessa ringa, det hafver du ock gjort emot mig'.
Den af ingen kände främlingen sättes meljan
tvänne eldar, under det att man genast faller ned
i feg tillbedjan för gudars fader. Sådan är värl-
den, så blifver man behandlad till och med af
sin egen fosterson, ja, hvad mera är, sådan var-
der människan, äfven om hon fostrats af den
högste bland gudar.

Detta är så att säga den tragiska ramen
kring detta kväde, och måhända var Grímnesmál
i sin ursprungliga form en dikt af stor skönhet,
men det är så vandaliseradt af senare interpola-
tioner, att man är nödsakad att taga sin tillflykt
till den så ofta bedrägliga och allt för fort fly-
gande fantasien, om man skulle vilja försöka upp-
konstruera dess förvittrade grundmurar.

Denna fornsång är en utomordentligt rik
källa för mytforskaren, alldenstund den är bok-
stafligen öfverlastad med mytologiska notiser. I

densamma uppräknas och beskrifvas gudarnas tolf boningar; i densamma meddelas oss en detaljerad skildring öfver, huru världen blef skapad af urjätten Ymers kropp; här få vi veta namnen på en mängd valkyrior, på gudarnas hästar, på åtskilliga mytiska floder, på de fyra hjortar, som beta på världsträdet Yggdrasell, på alla de ormar, som kräla kring dess rötter, och slutligen meddelas en lista — en s. k. nafnaþula — på alla de namn, som Oden brukar antaga, när han inkognito reser omkring i gudars, jättars och människors värld.

Men midt i all denna mytologiska ordflod och alla dessa namnramsor finnes det en strof af stor skönhet, i hvilken det förtäljes, hvad lidande världsträdet har att uthärda. Den lyder:

Yggdrasell har
mera att utstå
än någon dödlig kan ana:
Hjorten betar i toppen,
på sidan det murknar
och roten gnages af Niðhoggr.

Då Yggdrasell, som bekant, är en lika storslagen som lycklig bild af hela den lefvande världens organiska enhet, torde vi ej närmare behöfva påpeka den djupa innebörden i denna strof. Det tigande världsträdet uthärdar i sanning mer än någon dödlig kan ana, och det värsta lidandet af alla det måste tåla, det är, att den gräslige draken Niðhoggr — denna det ondas symbol — ständigt gnager på dess rot. Och då är det värkligen ej underligt, att det redan för längesen börjat vackla och att den dag ej är långt borta, när

'allt störtar samman
i gudarnas skymning'.

Skírnesmál.
(R, A)

Det har, som allbekant torde vara, framställts åtskilliga anmärkningar mot Tegnérs Frithiofs Saga och en af de tyngst vägande bland dessa är obestridligen den, att Tegnér gjort sin hjälte så ytterst modärn i hans kärlek till kung Beles dotter. Ingen värklig vikingahöfding skulle förnött tiden med att

'rita suckande i sanden
det kära namnet med sitt svärd'

och än mindre torde någon forntida kämpe tillbragt natten med att

'vandra i skogen och se på månen'.

Den hugfulle hjältens sjudande kärlek var af ett helt annat slag. Van att taga allt med våld tog han äfven sin brud med våld och visste litet eller intet om något klemigt pjunk eller något blodlöst månskenssvärmeri. Var också ej röfvad brud i förstone så vidare belåten, så gick den sorgen snart öfver, ty:

»I tre dagar grät hon, men så blef hon nöjd
och sen stod vårt bröllopp med jublande fröjd
uppå hafvet.»

Men hvarför skulle kärleken dock tett sig så
annorlunda då mot nu? Är icke hjärtats tysta,
blyga längtan, denna dess första rosiga vårdröm
med sin rusande nektar densamma under alla
tider? Doftade icke Nordens vilda rosor lika ljuft
under den blodiga Vikingatiden som än i dag i
vårt så öfverbildade och lifströtta tidehvarf? Det
må vara sannt, att ett sådant svar egentligen
blott är ett vackert sätt att försöka slippa ifrån
att bemöta själfva kärnpunkten i den framställda,
välgrundade anmärkningen — att det är som om
man ej rätt ville höra på det bindande beviset,
utan i stället 'vände sig bort för att plocka lingon
vid vägkanten'. Men det är och förblifver en
underlig och underbar skillnad mellan

'förståndets män och fantasins martyrer'

och de senare skönja kanske något vida mera
evigt bestående i det alltid grönskande lingonriset
än hvad de förra, de nyktra häfdaforskarna, tro
sig ha funnit genom noggrannt studium af gul-
nade forntidsskrifter. Det är med andra ord ofta
nog skalden, som med sin intuitiva blick först
varsnar den stora likheten mellan det vordna och
det varande, under det att historikern och gran-
skaren, fördjupade i detaljer, mera fästa sig vid
de af tidsskillnaden orsakade mindre olikheterna.
Och när kritiken riktat denna, som det tyckes,

Eddan.

fullt berättigade anmärkning mot Frithiofs sångare, förefaller det nära nog, som om dess eljest så skarpa blick ej varit riktigt mornad, eftersom den ej tyckes ha märkt den gamla eddadikten Skírnesmál. Ty har man läst och sökt tillegna sig densamma, då kan man värkligen börja tro, det våra vilda rosor hade samma doft under den blodiga Vikingatiden som nu.

Skírnesmál är en kärleksdikt, som vid första påseendet tyckes ha föga att göra med de öfriga gudasångerna. Stämningen i detta lilla drama — ty så kan detta kväde med allt skäl kallas — är en helt annan än den i dessa dikter vanliga. Det ligger nämligen ett visst romantiskt svärmeri öfver detsamma. Detta jämte åtskilligt annat tyder kanske på, att denna dikt är relativt ung, men å andra sidan lider det intet tvifvel om, att den ej är en *äkta* eddasång och således af så mycket större intresse.

Egendomligt nog är Skírnesmál den enda bland eddadikterna, som handlar om Frey — årsväxtens och alstringskraftens gud — hvilken i vårt land tycks ha varit en af de främste gudarna och hvars bild därför ock stod vid sidan af Odens och Tors i Uppsala tempel, enligt den tillförlitlige Adam af Bremens berättelse framställd på ett synnerligen drastigt sätt såsom det höfves själfva fruktsamhetens gud hos ett rått naturfolk. Men den Frey, som skildras i Skírnesmál är ingalunda tecknad som en representant för denna mäktiga naturdrift, utan är snarare — för att anföra ett yttrande af Schück — att likna vid en trånande Romeo, eller vid en Frithiof, som 'vandrar i skogen och ser på månen'.

Dikten är, sade vi, ett litet drama, allt igenom hållet i dialogform. Och med en beundransvärd takt har dess namnlöse författare endast upptagit de moment, som lämpat sig för denna form, ty intet, som måste blott *berättas*, har han medtagit. Den sammanhållande och uppbärande kraften är därför äfven i detta kväde likasom i Vafþrúðnesmál en dramatisk spänning, men det är här ingalunda fråga om någon strid på lif och död mellan guden och jätten — blott frågan om, huruvida guden Frey skall kunna vinna jätten Gymers dotter, den fagra Gerðr. Synkretsen är sålunda här vida trängre än i Vafþrúðnesmál, men båda dessa fornsånger äro dock så till vida lika, att de röra sig om en kamp mellan gudar och jättar och att det, när allt kommer omkring, är den segrande guden, som i själfva värket dukat under.

* * *

Dikten börjar med ett samtal mellan Freys moder Skaðe och hans tjänare Skírner. Skaðe uppmanar Skírner att spörja Frey, hvarför denne sitter så ensam i salen:

Skaðe:
Res dig, Skírner!
och gå att tala
med vår sorgsne son,

och därom fråga,
på hvem han tycks
vara så förbittrad.

Skírner:

Hårda ord
mig säkert vänta,
om jag med honom talar,
och därom frågar,
på hvem han tycks
vara så förbittrad.

Båda äro tydligen fullkomligt okunniga om rätta orsaken till Freys tungsinthet. Skírner lyder emellertid sin härskarinnas uppmaning och spörjer Frey. Det utspinner sig då följande dialog mellan dessa:

Skírner:
Säg mig, Frey!
gudars drott,
hvad jag nu vill veta:
Hvi sitter du
i salen ensam
dagen lång, min herre?

Frey:
Hvi skall jag
dig, unge sven,
min hjärtesorg berätta?
Solen lyser
alla dagar,
men ej på mina stigar.

Skírner:

Ej ditt kval
väl är så stort,
att du det ej kan säga?
Ren som barn
vi två ju varit
fullt förtrogna vänner.

Denna vädjan till deras varma vänskap allt
från barndomsåren beveker Frey att för Skírner
yppa sin hjärtesorg:

I Gymers gårdar
såg jag gå
en mö, som vildt jag älskar.
Från hennes armar
solglans spreds
öfver vind och våg.

Mön är mig
mera kär
än någon ungdomsvän varit.
Men ingen här
i gudars värld
vill, att vi två träffas.

Det är alltså på grund af kärlekssorg, som
Frey dagen lång sitter så ensam i salen. Men
är det intet annat, så kan det väl hjälpas, tänker
den trogne vännen Skírner och erbjuder sig där-
för, fullt medveten om alla de faror, som kunna
möta honom, att rida till Gymers gårdar för att
å sin herres vägnar fria till dennes fagra dotter.

Frey mottager anbudet och Skírner sadlar sin häst. Efter många äfventyr lyckas han slutligen få träffa Gerðr och framför sitt ärende. Men Gerðr är obeveklig. Förgäfves bjuder henne Skírner elfva gyllene äpplen — hon låter sig ej köpas. Förgäfves hotar han henne med att afhugga både hennes och hennes faders hufvud — hon låter sig ej skrämmas. Då börjar han kväda galder och uttala förbannelser öfver henne, den ena gräsligare än den andra, och detta i en så ilande fart, att man tycker sig nästan höra, huru han drager efter andan. Och då gifver Gerðr ändtligen vika. Det är ej det lumpna guldet, det är ej rädslan för den hemska, bleka döden, det är den otyglade *kraften* i dessa rasande förbannelser, som slutligen besegrar henne. Det ligger en stor psykologisk sanning gömd härunder. Att Gerðr nu först samtycker, är ett äkta *kvinligt* drag. Ty kvinnan vill — som Rosenberg yttrar — vinnas genom att öfvervinnas. Det är mannakraften i all dess obundna styrka, som slutligen besegrar henne och som måhända är allra mest oemotståndlig, när den vändts mot henne själf.

Gerðr lofvar alltså till sist att blifva Freys brud och säger till Skírner:

Hell dig, sven!
Bägaren tag
upptill randen bräddad!
Aldrig förr
jag trott, jag kunde
vaners herre älska.

Men Skírner, som vill taga det säkra för det osäkra och ej låta segern gå sig ur händerna, frågar:

> Veta vill jag
> säkert svar,
> förrn jag rider hemåt.
> När vill du
> gudens son
> kärligt möte skänka?

Gerðr svarar då:

> Barre heter,
> som han vet,
> en lund med lugna stigar.
> Där skall Gerðr
> om nio nätter
> skänka Frey sin kärlek.

Otåligt räknande sekundernas snäckgång har Frey ifrigt bidat på Skírners återkomst och som han får se honom ropar han:

> Säg mig, Skírner,
> förrän du
> stiger ned af hästen,
> om du har
> i jättars värld
> väl ditt uppdrag utfört.

Skírner hoppas kunna trösta sin herre med den glada underrättelsen, att han kommer med Gerðrs ja-ord:

> Barre heter,
> som du vet,
> en lund med lugna stigar.
> Där skall Gerðr
> om nio nätter
> skänka dig sin kärlek.

Men litet lindrar detta Freys gränslösa längtan, ty denna korta väntan är ju ändock en hel evighet, och i all den saliga glädje han känner, utbrister han nästan förtviflad:

> Lång är en natt,
> än längre två,
> kan jag ens uthärda trenne!
> Kortare tycktes mig
> ofta en månad
> än en natt af lågande längtan.

Skulle det värkligen vara så, att kärlekens rosor doftade på samma sätt under Vikingatiden, som nu?

* * *

Det var, sade vi, en viss likhet mellan Vafþrúðnesmál och Skírnesmál, ehuru synkretsen var så olika. Ty i båda dessa dikter är det den segrande guden, som i själfva värket dukar under. Skírnesmáls sångare har nämligen — medvetet eller omedvetet — förtegat ett lika viktigt som för Frey nedsättande faktum, nämligen det, att det cke var för Skírnes förbannelser, som Gerðr gaf vika, utan att Frey helt enkelt *köpte* henne, i det han lämnade hennes fader, *jätten* Gymer, sitt oförlikneliga svärd. Man vet af andra källor, att så värkligen var förhållandet, och i Lokasenna hånas också Frey af Loke på det mest blodiga sätt för denna 'handel'. Men vår skald har med fin smak utelämnat denna episod. Den skulle på ett bryskt sätt ha förstört hela den romantiska stämning, som han kastat öfver sin dikt.

Men hvad som är sannt är dock sannt, och om vi således skulle lyfta litet på denna sentimen-tala slöja, så är det ju — sit venia verbo — för att fruktsamhetens gud skall få stilla sin brånad, som han lämnar sitt svärd i sina dödsfienders händer och därför står han ock vapenlös i den sista hopplösa striden. Och tänker man härpå, hör man äfven i denna svärmiska kärleksdikt en genklang af den tragiska grundtonen. Äfven denna gång var gudens seger öfver jätten mer än dyrköpt.

Hárbarðslj óð.
(R, A)

Tor har varit ute på ett af sina vanliga ströf-tåg i 'österväg' och på återfärden till Asgård kommer han till ett sund. På motsatta stranden ser han en karl stå med en båt och ropar till honom:

Hvad är det för en sven bland svenner,
som står på andra stranden?

Färjkarlen svarar med en nästan ordagrannt lika motfråga:

Hvad är det för en karl bland karlar,
som ropar öfver vattnet?

Det ligger redan i denna upprepning af Tors fråga något, som kommer en tro, att den där färjkarlen är, som det heter, upplagd för att drifva med 'jättars bane'.

När därefter Tor yttrar, att han vill bli rodd öfver sundet och vill veta hvad färjkarlen heter, svarar denne, att det är en viss Hildólfr, som rår om båten, att han bor vid Ráðsøyiarsundet och att han

bad mig inga röfvare
eller hästtjufvar ro öfver,
utan endast goda
och välberyktade män,
som jag noga kände.
Säg först ditt namn,
om du vill komma öfver fjärden.

Denna begäran är Tor ej sen att villfara och stolt svarar han:

Jag är Odens son,
Meiles [1]) broder
och Magnes [2]) fader,
gudars härskare, —
det är med Tor du talar.

_____

[1]) Meile = en af Odens söner.
[2]) Magne = en af Tors tvänne söner.

Men denna upplysning tycks ej det allra minsta imponera på färjkarlen, hvilken blott helt kallt underrättar honom om, att han heter Hárbarðr [1] (= 'Gråskägg') och börjar därefter på ett tämligen näsvist sätt gyckla med den väldige Asator. Denne, godmodig och lätt att locka, som han är, kan ej motstå frestelsen att munhuggas med Hárbarðr, ehuru han oupphörligen kommer till korta, alldenstund det är ej ordet, utan hammaren, som är hans rätta vapen. De börja därpå att uppräkna för hvarandra sina bedrifter. Tor skryter, storordigt och naivt som vanligt, med att han slagit ihjäl så och så många jättar. Hárbarðr rosar sig däremot öfver de segrar han hos de sköna har vunnit. Han berömmer sig nämligen med en nära på cynisk självbelåtenhet öfver, att han uppträdt som en fullfjädrad Don Juan och med list och fagert tal bedragit den ena väna tärnan efter den andra samt njutit allas ynnest. Man vill nästan tro, att det är ingen mindre än Oden själf, som roar sig med att berätta för Tor några af sina talrika, ej så vidare hedrande kärleksäfventyr. Så fortfara de att förtälja för hvarandra hvad stort de uträttat, tills Hárbarðr omsider är så vänlig att meddela Tor den glädjande underrättelsen, att Sif [2] har en älskare just nu hos sig och att det därför värkligen vore bättre, om Tor begåfve sig hem

[1] Detta enligt Grímnesmál ett af Odens många 'noms de guerre'.

[2] Tors hustru.

än att stå på det här sättet och prata bort tiden.
Tor låtsas åtminstone ej sätta någon tro till detta
påstående, men vreden börjar koka i honom, och
när till sist Hárbarðr kommer fram med följande
värkligen gemena yttrande:

> Sannt torde jag säga.
> Du försinkat dig på färden,
> långt hade du redan hunnit, Tor!
> om du låtit dig ro öfver,

utbryter Tor förbittrad:

> Hárbarðr, din usling!
> Du länge har mig hindrat!

Men äfven detta tycks ej röra Hárbarðr det
allra minsta. Han svarar blott helt lugnt, ehuru
måhända litet förvånad:

> Aldrig jag trott,
> att Asator kunde
> af en färjkarl hindras på färden.

Som Tor nu ändtligen begriper, att Hárbarðr
är obeveklig, kryper han till korset och frågar
helt beskedligt, om det är så långt att 'gå sjön
omkring'. Hárbarðr gifver härpå ett synnerligen
'sväfvande' svar:

> En bit är det till stocken
> och sen en bit till stenen.

Äfven en mera begåfvad person än Tor skulle
ej blifvit vidare klok på detta svar och denne
beslutar sig nu omsider att strunta i den värde

Hárbarðr och gå sjön omkring. Men när denne märker, att Tor ·går sin väg, är han vänlig nog att önska honom lycka på resan med följande afskedsord:

Drag nu dit,
där trollen må ta dig med hull och hår!

* * *

Hvad är väl meningen med denna underliga dikt, hvilken äfven från rent yttre synpunkt är mycket egendomlig, alldenstund den är affattad på en så ytterligt fri meter, att det väl vore rättast att säga, det den är skrifven på en allittererande rytmisk prosa.

Vi nämnde nyss, att man kommer att tänka på Oden, när Hárbarðr berättar om sina många kärleksäfventyr. Denna omständighet jämte åtskilligt annat har gjort, att man gissat, det färjkarlen Hárbarðr är ingen annan än Oden själf, som åter igen uppträder förklädd och efter vanligheten kallar sig med ett för tillfället antaget namn.

Men äfven om detta vore riktigt, hvad vore i alla fall syftet med detta kväde? Rörande denna fråga ha flera hypoteser framställts.

Man har i Tor velat se en representant för den kraftige, snart retade, men ·i grund och botten godmodige fornnordiske bonden, af hvilken han ock i själfva värket blott är en förstorad bild, och i Hárbarðr (= Oden?) däremot en representant för den mera bildade 'öfverklassen', för dess större intelligens och galanta utsväfningar.

Enligt en annan gissning skulle en måhända relativt sent lefvande skald helt enkelt ha *roat* sig med att framställa dessa tvänne hufvudgudar i deras skarpaste motsats till hvarandra, i det han skildrar dem båda från deras svagaste sidor utan att därför egentligen vilja håna eller häda någon af dem, — velat sätta emot hvarandra den genom sin lättrogenhet och framfusighet ofta komiske Tor och den ständigt intellektuellt värksamme Oden, hvilken ingalunda var någon Josef och lika litet som den olympiske Zevs någon trogen äkta man.

Härmed må emellertid förhålla sig hur som hälst. Visst är i alla fall, att Hárbarðsljóð såväl genom sin egendomligt fria form som genom sitt humoristiska och — om man så får säga — nästan ovettiga innehåll är en af Eddans märkligaste dikter.

Alvíssmál.
(R)

Denna lilla dikt är sannolikt en af de allra yngsta bland eddasångerna. Den visar sig nämligen från flera synpunkter vara hvad man kallar *gjord* och saknar fullkomligt den äkta folkpoesiens naiva och osökta enkelhet. Innehållet är ock ganska obetydligt. Dvärgen Alvíss uppträder som friare till Tors dotter Þrúðr. Tor samtycker på det villkor, att Alvíss skall kunna besvara alla de frågor han framställer och uppehåller dvärgen så länge med en mängd spörsmål, att solen hinner gå upp och »skiner i salen», och då blir Alvíss, som alla dvärgar, ögonblickligen förvandlad till sten.

Detta är allt, men på samma gång mer än nog. Tor spelar i detta kväde en för honom fullkomligt främmande roll. Man väntar snarare, att det vore Oden, som på detta sätt examinerade dvärgen. Än besynnerligare är, att denne kan djärfvas att fria till Tors dotter. Men ett än mera säkert kriterium på en relativt ung ålder för denna dikt är själfva stilen, det *sökta* i frågorna och svaren. Alvíss skall nämligen berätta, hvad det och det — de alldagligaste ting under solen — kallas i gudars, människors, jättars, alfvars och dvärgars värld. Och hela dikten är därför späckad med en mångfald artificiella uttryck, stundom mycket lika kenningarna i den lärda konstpoesien.

Emellertid vore det orätt att ej erkänna, att det mången gång ligger en vacker, poetisk åskådning gömd under dessa omskrifningar. Och i betraktande häraf kunde man vilja tro, att denna lilla dikt vore författad på en tid, då

'den unga konsten ännu dröjde,
fullväxt dotter, i naturens famn.'

Som prof på stilen och äfven på denna poetiska uppfattning anföra vi följande strofer:

Tor:

Säg du mig det, Alvíss!
ty jag väntar, dvärg, att
du på allt kan svara.
Huru nämnes lugnet,
hvilket vill sig sänka
öfver hvarje värld?

Alvíss:

Lugn det nämns af mänskor,
men stiltje utaf gudar,
af vaner vindens död.
Jättar kvalm det kalla,
alfvar kvällens stillhet
och dvärgar dagens ro.

Det ligger ju onekligen rätt mycken poesi i
en sådan kenning som 'vindslot' (ordagrannt =
'vindslut'), hvilket jag här öfversatt med vindens
död, och det är obestridligen ganska karaktäristiskt
för jättarna, att de kalla lugnet för 'ofhlý' (=
'kvalm') o. s. v. Men det är ock endast från
dessa synpunkter dikten kan sägas ha något este-
tiskt värde. Sedd i sin helhet gör den intryck
af att vara författad som en slags minnessång
för idkarna af den lärda skaldediktningen, i syfte
att underlätta deras mödosamma arbete att hitta
på den ena förkonstlade kenningen efter den andra
för de enklaste och mest hvardagliga föremål.

Hymeskviða.
(R, A)

Äfven denna dikt är sannolikt ganska ung. Härom skvallrar nämligen såväl det sätt, hvarpå ämnet är behandladt, som ock själfva stilen, eftersom metern är ovanligt regelbunden och framställningen sällspordt rik på sökta, konstlade omskrifningar, hvilka i hög grad erinra om drapans gjorda och dunkla kenningar.

Innehållet är i korthet följande: Gudarne vilja tillreda ett stort gille, men de ega ej någon för detta ändamål tillräckligt stor kittel. Krigsguden Tyr anförtror emellertid Tor, att hans fader, jätten Hymer, som bor vid himlens ända, är i besittning af en kittel, som nog kunde passa, och föreslår, att de skola försöka skaffa sig densamma. Tor är naturligtvis genast villig och de båda gudarna begifva sig till jätten. Vid framkomsten underrättas de om, att Hymer har för sed att bemöta sina gäster föga vänskapligt och de gömma sig därför bakom en stenpelare. När jätten strax därefter inträder, brister pelaren itu för hans blotta blick, men änskönt han ej är vidare trakterad öfver att se *jättekvinnors gråtvållare* (= Tor) i sin sal, anser han det dock vara sin skyldighet att visa sig som en gästfri värd. Tor äter emellertid, sin vana trogen, med en så strykande aptit, att Hymer likasom þrymr blir förvånad och därtill litet orolig öfver, huruvida maten skall kunna räcka:

Tyckte grånad
Hrungners frände, [1]
att Tors kvällsvard
var väl mycken.
»Nästa afton
visst vi måste
lefva blott af
jaktens byte.»

Dagen därpå skola de ut att fiska, och när Tor vill hafva något att sätta på metkroken, visar honom Hymer till en i närheten betande kreaturs-hjord. Tor får syn på en väldig tjur och bryter af denne *hornens höga gårdplats* (= hufvudet). Därpå ro de ut. *Bockars herre* (= Tor) sätter tjurhufvudet på kroken och öfver detta gapar *alla lands omgjordare* (= Midgårdsormen, som ligger kring hela jorden och biter sig i stjärten). Tor drager upp honom och slår honom på *hårets höga fjäll* (= hufvudet), men vidundret sjunker tillbaka ned i hafvet. De ro nu hem och Tor bär jättens *brännings-svin* (= båten) upp till gården. Hymer vill emellertid se ett ytterligare bevis på Tors asakraft och beder honom slå sönder en bägare. Tor kastar då densamma mot en pelare. Denna brister, men bägaren håller. Då kastar Tor bägaren mot Hymers panna, och nu rämnar *vingömmaren* (= bägaren). Efter att ha sett detta kraftprof gifver jätten Tor till-låtelse att taga kitteln. Med ett väldigt grepp

---

[1] Hrungner = en jätte, med hvilken Tor kämpat.

lyfter han densamma och sätter den på sitt hufvud, men kitteln är så stor, att handtagen skramla mot hans hälar. Tor och Tyr begifva sig därpå hem till Asgård. På vägen varda de sedan förföljda af en mängd jättar, men Tor svingar sin hammare och dräper dem alla, hvarefter gudarna omsider få den önskade kitteln.

Tor är i denna dikt visserligen sig lik. Han är komisk, när han äter upp nästan hela kvällsvarden och när han traskar hem med kitteln på hufvudet. Och han är imponerande genom sin väldiga kraft, när han drager upp Midgårdsormen och lyfter den 'milsdjupa' kitteln.

Men trots detta är det mycket att anmärka mot detta kväde. Skulle väl Tyr, [1]) efter hvilken till och med en af veckodagarna är uppkallad (*Tisdag* = latin dies Martis) och hvilken väl således varit en af de främsta gudarna, vara son af en jätte? Och äro i denna dikt icke åtminstone tvänne sägner hopblandade, den ena handlande om, huru Tor hämtar kitteln hos Hymer, den andra om fisket, där Midgårdsormen nappar på kroken? I Gylfaginning, där denna senare myt vidröres, säges det, att Tor då var ensam med jätten — och Tyr har ej heller i Hymeskviða det ringaste att göra under denna episod. Denna dikts författare nämner ej heller ett ord om, hvarför odjuret sjönk tillbaka i hafvet, men i Gylfa-

[1]) *Týr*, plur. *tivar* (= gud), besläktadt med latin *deus* och *divus*, sanskrit *devás*, grekiska Ζευς etc.

ginning få vi veta, att detta berodde därpå, att jätten afskar metrefven för Tor.

I senare tider har den hypotesen framställts, att hela denna eddasång skulle vara baserad på en lärd skaldedikt, det s. k. Húsdrápa, författad omkring 985 af den isländske skalden Úlfr Uggason, — en teori, som, oafsedt andra omständigheter, godt kan stämma öfverens med de inre bevis vi ofvan anfört för detta kvädes relativt unga ålder.

I likhet med Alvíssmál eger ej heller denna dikt något vidare estetiskt värde och saknar alldeles på samma sätt som detta den väntade tragiska bakgrunden.

Lokasenna.
(R)

Den visa valan, som såg så 'vidt och vidt omkring i alla världar', förtäljde i stora drag för 'Heimdalls lyssnande söner' gudars och människors sorgtunga saga. Hávamáls sångare lät oss veta, att *människornas* värld, det en gång så 'härliga Midgård', var en af synd och brott fläckad värld, ej förtjänt af något bättre öde än att förgäten gå under. Lokasennas store skald låter oss slutligen veta, hvad vi af de föregående gudasångerna redan kunnat ana, att äfven *gudarnas* värld, det 'härliga Asgård', är så fläckad af synd och brott, att ej heller *den* förtjänar något bättre öde än att i den stundande världsskymningen namnlös förintas.

Denna synnerligen märkliga dikt, en bland de allra yppersta af Eddans gudasånger och kanske den mest snillrika af dem alla, bildar, trots sitt hädiska, stundom rent cyniska hån, en gripande slutsång i denna asagudarnas tragiska lefnadssaga. I sin skärande, dräpande satir är detta kväde värdigt en Lukianos eller en Voltaire, i sin liffulla dramatiska spänning och briljanta karaktäristik värdigt en Shakspere. —

Gudarna hålla ett storartadt gille och tyckas — så förefaller det åtminstone — sitta i lugn och ro och fästa i gamman och glädje. Nästan alla äro närvarande — »där var mycket asar och alfvar» —, endast Tor är borta på ett af sina vanliga ströftåg i österväg. Skalden låter således hela gudaskaran vara församlad till den blifvande intellektuella kampen emot deras dödsfiende Loke och låter endast den guden, som minst af dem alla har ordet i sin makt — den hederlige Tor -- vara frånvarande. På sistone låter han dock äfven denne infinna sig för att han, när intet annat hjälper, måtte med sin hammare drifva ut smädaren och på detta föga värdiga, tämligen brutala sätt befria alla asar och asynjor från deras plågoande.

Ty dit har det kommit. Förgäfves satte Oden sitt ena öga i pant hos den vise Mimer för att kunna besegra de onda jättarna med vetandets vapen. Det återstår för de höga gudarna till sist

118

intet annat än att lita till näfrätten. Och det är därför ej längre Oden, intelligensens, utan Tor, den råa styrkans representant, som ännu en stund kan rädda det bäfvande Valhall.

* * *

Gudarna hålla gille och sitta bänkade i hafs-jätten Ægers sal. Då inträder deras forna gunstling och *medbrottsling*, den af dem alla så omhuldade lömske Loke midt ibland dem. De förstummas och skaka hotfullt sina sköldar, som om de ej ville vidkännas denne sin aldrig rådlöse och ständigt tjänstvillige stallbroder. Med lekande humor, vetande sig vara fullständigt herre öfver situationen, undrar då denne fornnordiske Mefistofeles — en värdig motbild till Göthes — hvarföre asarna sitta så tysta, och spörjer, om ej det ens är någon enda ibland dem, som vill räcka den gamle, trogne vännen en läskande dryck:

> Törstig nu kommer
> till denna salen
> Loke från mödosam vandring.
> Bedja han gudarna
> vill om en dryck
> af klara, skummande mjödet.

Men det är ingen, som vill visa honom denna lilla vänlighet och därför frågar han omsider Oden, om denne har glömt deras gamla fosterbrödralag:

Minns du ej, Oden,
huru vi fordom
tillsammans vårt blod hafva blandat?
Du sagt, att du aldrig
en dryck skulle smaka,
som icke oss båda bjudits.

Denna vädjan till forna, lyckligare dagar gör sin afsedda värkan och Oden befaller sin son, den tyste Viðarr, att bjuda hornet åt Loke:

Res dig nu, Viðarr!
låt ulfvens fader
sitta vid gillet ibland oss,
om blott ej Loke
hånfulla ord
yttrar i Ægers sal.

Loke tager nu mot den erbjudna drycken och hälsar de samlade gudarna och gudinnorna:

Hell er nu, asar,
hell er, asynjor
och alla mäktiga makter!
förutom Brage, [1])
som sitter där borta
bänkad längst in i salen.

Han *vill* strid och litet rör det honom — världens herre — att gudars fader bad honom att ej yttra några hånfulla ord. Han känner dem ju alla så väl, att, kommer bara grälet i gång, nog

---

[1]) Brage = skaldekonstens gud.

skall han kunna låta dem få huden full och själf
gå som segrare från 'trätan'. Och det tyckes,
som om gudarna också visste detta, ty de söka
i det allra längsta med goda ord släcka den redan
tända elden. Den förolämpade Brage är till och
med så 'snäll' att han nära på som en liflös auto-
mat upprepar Odens ord:

> Häst och svärd
> gifver jag dig
> och skänker dig äfven min ring,
> om bara du ej
> fäller hånande ord
> och gör dig gudarna gramse.

Men Loke låter sig ej häjdas. Hvarföre skulle
han det? — och när efter nya förnärmelser Brages
hustru Idun tager till orda, svarar han henne
fräckt:

> Tig du, Idun!
> Du varit den mest
> karlgalna af alla kvinnor,
> allt sen du lade
> snöhvita armen
> kring din broders bane.

Detta är dock mer än hvad de fredliga och
'beskedliga' gudarna kunna smälta. Gefion —
jungfrulighetens och kyskhetens gudinna — blan-
dar sig nu i samtalet, men tystas tvärt af Loke:

> Tig du, Gefion!
> Det månde förtäljas,
> hur lätt du lät dig förföras.

När fagre svennen
ett smycke dig gaf,
du genast famnade honom.

Oden söker emellertid afstyra den allt mer
växande striden, men följden häraf är blott den,
att Loke kommer fram med så äreröriga beskyll-
ningar mot själfva gudarnas fader, att Frigg finner
det rådligast att bedja dem båda tiga:

Om hvad en gång varit
mellan er två,
skolen I aldrig tala.
Hvad fordomtima
I båda han gjort,
vare en hvar fördoldt.

Dessa Friggs ord äro mycket betydelsefulla.
De äro nära nog ett öppet erkännande af, att
Oden — för att använda ett vulgärt uttryck —
till den grad insyltat sig med 'ulfvens fader', att
det vore bäst att draga en glömskans skymmande
slöja öfver hvad de i 'forna dagar' haft gemen-
samt. Belyst af denna strof framstår ock Lokes
nyss anförda erinran till Oden om deras gamla
fosterbrödralag i sin rätta infernaliska dager. Frigg
får också svar på tal:

Tig du, Frigg!
Du är Odens maka,
men alltid du karltokig varit.

Både Vile och Vé [1]
du famnat har,
fast du var deras broders brud.

Nu vill Freyja gifva sig in i kampens hårda
lek, men nog hade det varit klokast, om hon
hade suttit tyst och stilla, ty gentemot henne anser
sig den mot alla så hänsynslöse Loke ej behöfva
iakttaga ens den ringaste konsideration. Kärlekens
gudinna får nämligen följande vackra orlofssedel:

Tig du, Freyja!
Dig känner jag nog:
du är ej just vidare dygdig.
Alla de gudar,
som äro härinne,
ha dina älskare varit.

Nu slår sig Frey till riddare för de förolämpade damerna, men Loke är ögonblickligen färdig
med att kasta honom i halsen följande, föga hedrande påminnelse:

För guld du köpte
dig Gymers dotter
och lämnade jätten ditt svärd.
När Muspels söner
rida öfver Myrkviðr [2],
då vapenlös står du, ditt kräk.

---

[1] Vile och Vé = Odens bröder.
[2] Muspels söner = eldandarna, som bo i eldens värld
Muspelheimr. Myrkviðr (= den mörka skogen) är gränsen
till Muspelheimr.

Upprörd häröfver tager Freys moder [1]) Skade
till orda, men nog hade det varit försiktigast äfven
af henne, om hon hade tegat, ty Lokes svar
lyder:

Ljufligare ljöd
ditt fagra tal,
när Loke du bjöd till din bädd.
Sådant måste
vi också bekänna,
om nu hvarje snedsprång skall yppas.

Slika vitsord gifver den allsmäktige Loke
alla gudar och gudinnor, och det gör nästan ett
löjligt intryck, när de i sin vanmakt söka skrämma
honom med, att han snart skall blifva bunden
med sin sons tarmar. Det vet han ju förut och
det lika väl, som han vet, att dessa fjättrar skola
af sig själfva brista sönder, när den slutliga upp-
görelsens dag är kommen och gudarnas tid är ute.
Han vill endast i denna träta begagna sig af det
lockande tillfället att gifva dem samtliga det högsta
betyg de numera kunna hoppas på, nämligen att
de äro alla jämngoda med honom i moralisk usel-
het, ehuru visserligen ingen af dem, ej ens den
enögde Oden, är honom vuxen i intelligens.

Hans själfsvåldiga, cyniska hån når slutligen
sitt kulmen, när den frånvarande Tors hustru Sif
söker göra sig till och bjuder honom hornet med
följande ord:

---

[1]) Loke påstår, att Frey är son af Njord och dennes
syster, hvadan jättedottern Skade ej skulle vara Freys moder.

Hell dig, Loke!
Hornet tag
fyldt med det skummande mjöd!
om blott du säger,
att ensam jag varit
städse min make trogen.

Lokes svar härpå är sådant, att det endast
är hos en Shakspere, Byron eller Göthe man
torde kunna finna något motstycke. Lucifer,
Mefistofeles och Don Juan äro så att säga hop-
gjutna till ett i hans lika öfverlägset föraktfulla
som gement nedriga och ridderligt eleganta svar:

Om så vore,
du ock vore den enda,
som varit sin make trogen.
Dock *en* din älskare
känner jag visst,
och det är den lömske Loke.

Satan har en stund roat sig med att hafva
alla asar och asynjor till skottafla och träffat dem
alla i hjärtat. Men det är *en* gud — den på
samma gång minst klyftige och mest hederlige
bland dem alla, den väldige Tor, — som varit
borta. Nu låter skalden honom träda in i salen,
naturligtvis beväpnad med sin hammare. Och
han är genast färdig att göra *slag* i saken. Men
ordet har han, som vi veta, ej i sin makt och han
är oemotståndligt komisk, när han nu liksom famlar
efter uttryck för sin ärliga, berättigade vrede:

Tig, du usla kräk!
Snart på dig skall hammarn
Miollner tysta mun.
Strax jag skall från halsen
hugga af ditt hufvud.
Lyktas då ditt lif.

Men Loke känner sin gamle vän allt för väl
och tycks ej bli det ringaste rädd. Han förefaller
blott blifva litet förvånad öfver, att Tor värkligen
tar munnen så full:

Du Jordens son [1]),
har *du* kommit hit?
Hvarför skräflar du så?
Det törs du nog ej,
när du skall kämpa med ulfven
och han dig slukar hel och hållen.

'Att tala är silfver, men tiga är guld'. Detta
förstår emellertid ej den präktige Tor, och i likhet
med alla, som egentligen ej ha något att säga,
kommer han oupphörligen igen med samma ord:

Tig, du usla kräk!
Snart på dig skall hammarn
Miollner tysta mun.
Bort jag dig kastar
i österväg,
där sedan ingen dig ser.

Men det var ganska oförsiktigt af Tor att
så yttra sig, ty hans färder i österväg hade ej

---

[1]) Jordens son är en kenning för Tor, hvilken var son
af Oden och Jorden.

alltid varit så ärofulla. En gång t. ex. blef han grundligen lurad af en jätte, som förvände synen på honom. När på detta ströftåg Tor och hans följeslagare i skymningen kommo till en mörk skog, trodde de sig där se ett stort hus, i hvilket de lade sig att hvila. Men midt i natten började det dåna så hemskt och underligt i skogen. De kröpo då, skälfvande af rädsla in i en liten ut-byggnad. På morgonen, när det dagats, fingo de se, att strax bredvid dem låg en förfärligt stor jätte, som snarkade så, att det skakade i hela den omgifvande näjden, och funno, att hvad de i kvällens mörker tagit för ett hus, det var endast jättens ena handske och den där lilla utbyggnaden bara tummen på densamma. Det är på denna myt Loke syftar, när han nu svarar:

> Om dina färder
> i österväg
> är bäst du ej säger ett ord,
> sen du i handsktummen
> dig hukade ner
> och tycktes ej Tor då vara.

I lika vanmäktig som ordlös harm kan Tor blott upprepa hvad han sagt, och som Loke tyckes anse det vara nära på under sin värdighet att hedra honom med något vidare svar, yttrar han blott med en lika skämtsam som bitande satir:

> Nu jag för gudar
> och gudars söner
> · sagt hvad mig lekte i hågen.

Endast för dig
rymmer jag fältet,
ty du slår till, jag det vet.

* * *

Det ligger — säger Rosenberg¨— äfven i
Lokes flykt ett hån. Ja, det ligger väl mera än
så. Hans afskedsord äro kanske de bittraste af
alla de yttranden han haft i denna 'träta'. Han
har ju därmed öppet tillstått, att, feg som han är,
tager han visserligen till fötterna, men blott för
den *råa styrkan*, sedan han gjort alla gudarna
svarslösa och ej lämnat dem kvar något annat
vapen.

Många af de äreröriga beskyllningar Loke
här framställer äro nu ej möjliga att förstå, emedan
de syfta på för oss okända myter, men de, som
vi med tillhjälp af andra källor kunna kontrollera,
visa sig vara fullt sanningsenliga, och det finnes
då ingen anledning att antaga, att ej detta skulle
gälla om dem alla. Homeros' hjältar hade sin
Tersites och Nordens gudar hade sin Loke. Hvad
Fröding säger om den förre:

»Det är dock sanningen du ilsket slungar
i ansiktet på dessa stolta kungar»

eger ock sin fulla tillämpning på den senare.
'Lögnens fader' har för sällsamhetens skull en
gång talat sanning. Och hvarför icke? Skulle
han besvära sig med att ljuga, när det alls icke
behöfdes? Djäfvulen — numera världens obestridde

härskare — har som sagdt roat sig med att låta alla de dyrkade gudarna och gudinnorna passera revy och visat för hvem, som höra vill, 'för Heimdalls lyssnande söner', att dessa allesammans ej äro en bit bättre än han själf. Och han aktar ej ens nödigt att låta denna sluträfst få en allvarlig prägel, utan skämtar på ett värkligen infernaliskt sätt med sina svarslösa offer.

Dithän har det således omsider kommit. Äfven det härliga Valhall är en *fallen* värld, som ej förtjänar något bättre öde än att namnlöst gå under.

Rígsþula.
(W)

Guden Heimdall är under namnet Rígr ute på vandring i människornas värld. Han kommer först till de åldriga makarna Ae och Edda och gästar dem under några dagar. Följden häraf är den, att Edda om en tid föder en son vid namn þræll, hvilken sedan gifter sig med þír [1]) och från dem härstammar *trälarnas* släkt.

Rígr fortsätter därpå sin vandring och kommer så till de mera välburgna makarna Afe och Amma, hvilka ännu befinna sig i den fullmogna medelåldern. Han gästar dem på samma sätt och efter en tid föder Amma en son, kallad Karl,

---

[1]) þír = þýr(= trälinna) = gotiska þiwi.

hvilken blir stamfader för *böndernas* — de friborna, bofasta, ättgoda männens släkt.

Sedan styr Rígr sina steg till Faðer och Móðer, öfver hvilkas lyckliga samlif ungdomen ännu kastar sitt skimrande hopp. Efter att hafva rikligen undfägnats i deras gästfria hem begynner han ånyo sin vandring, och nio månader därefter föder Móðer en son vid namn Jarl, som blir stamfader för *jarlarnas* — herremännens — släkt. Därpå förflyta åtskilliga år, innan Rígr omsider återkommer och lär den yngste af Jarls söner, Konr den unge, en mängd ridderliga idrotter, och det nu förlorade slutet på denna dikt har tvifvelsutan innehållit en berättelse om, huru denne Konr blir stamfader för *konungarnas* släkt.

Innehållet i Rígsþula är, som vi se, af en rent *social* natur. Den gamle skalden har på ett ganska lyckligt sätt sökt framställa tidsskillnaden mellan de olika samhällsklassernas uppkomst, ity att þrælls föräldrar äro åldrade, Karls ännu i sin medelålder och Jarls i sin lifskraftiga ungdom.

Den mytiska omklädnad, hvari han höljt sin tanke, kan ju visserligen från en ytlig synpunkt förefalla vara mindre sedlig, men själfva syftet med dikten är ju att visa, det *alla* människor — såväl trälen som konungen — äro bröder, barn af en och samma gudomliga fader. Må man gärna, om man så vill, häri se ett kristet element. Den namnlöse skaldens vackra dikt blir väl icke sämre för det.

Eddan.

Hyndloljóð.

(F)

Denna sång består uppenbarligen af två fullkomligt skilda dikter, nämligen *det egentliga Hyndloljóð* och det s. k. *Volospá hin skamma* (= det lilla Volospá).

Hyndloljóð kan sägas stå midt på gränsen mellan guda- och hjältesångerna. Det från estetisk synpunkt mycket obetydliga innehållet är blott, att Freyia beder jättekvinnan Hyndla uppräkna för sin gunstling Ottarr Innsteinsson dennes förfäder, så att han må kunna anföra dessa i en arfstrid med en viss Angantýr. Och hans anor visa sig värkligen vara mer än lysande, ty han härstammar från Skjoldungar, Ynglingar, Volsungar, Gjukungar o. s. v. samt från andra nu obekanta hjälteätter.

Midt i detta rent genealogiska kväde är emellertid inskjutet ett brottstycke af en helt annan dikt, hvilken tydligen stått mycket nära Volospá. Ur denna vilja vi anföra följande strofer:

> Hafvet sig häfver
> mot himlahvalfvet.
> Jorden sjunker,
> luften tryter,
> snöstormen rasar,
> vinden tjuter,
> ödets makter
> regnet dock häjda. —

Då kommer en annan,
än mera mäktig,
dock hans namn jag
nämna ej vågar [1]).
Längre ej någon
ser än till Odens
slutliga kamp mot
gräsliga ulfven.

Det är egentligen blott detta ganska omoti-
veradt inskjutna fragment, som gifver Hyndloljóδ
något större värde, ty den ofvannämnde Ottarr
Innsteinssons ärorika stamträd kan endast från
historisk-genealogisk synpunkt vara af något in-
tresse.

_____

Hjältesånger.

De i Eddan bevarade heroiska kvädena be-
handla endast fyra af de många forngermanska
och fornnordiska hjältesagor, som i en eller annan
form kommit till vår kännedom. Dessa fyra äro:
sagorna om Volundr, om Helge Hiorvarδsson, om
Helge Hundingsbane samt den stora sagocykeln
om Volsungarna, Gjukungarna, Atle och Ior-
munrekr.

Det är ej utan skäl, som den okände sam-
laren af dessa dikter i främsta rummet satt

_____

[1]) Jämför ofvan den näst sista strofven i Volospá.

Volundarkviða,
(R)

ty mångt och mycket tyder på, att detta kväde är den äldsta bland dessa hjältesånger.

Sagan om den skicklige smeden — konstnären — *Volundr* tyckes ha varit spridd öfver hela den forngermanska världen. Vi återfinna denne 'Vaulunder' i den forntyske Wielant, i den fornengelske Wéland, hvarförutom han i yngre engelska och franska riddardikter uppträder under namnen Velant, Guelant, Galand, städse smidande de yppersta vapen och de skönaste smycken. Det förefaller äfven, som vore han befryndad med den fornhelleniske, mytiske konstnären Daidalos, och man vill äfven tänka på den skicklige smeden Ilmarinen i Kalevala.

Volundssagan är i Eddan representerad blott af en enda dikt, Volundarkviða. Grundtanken i denna kan sägas vara att visa, huru intelligensen segrar öfver den råa styrkan, men denna seger vinnes på ett så gräsligt sätt, att blott detta, oafsedt denna hjältedikts ovanligt fria, stundom nästan knaggliga meter, tyder på en mycket hög ålder. Denna sång tycks nämligen vara diktad i en tid så vild och hård, att vi, förveklige kulturmänniskor, värkligen ha svårt att kunna sätta oss in i en sådan hämndens njutning och en sådan ordlös sorg, hvarmed densamma slutar.

Dikten börjar med en vacker prolog, som synes vara af speciellt nordiskt ursprung. Trenne bröder, söner af en finsk konung, Slagfiðr, Egell och Volundr lyckas en dag fånga trenne valkyrjor, i det de fråntaga dem deras svanhamnar:

Ifrån söder
öfver skogen
flögo trenne
stridens tärnor;
satte sig vid
sjön att hvila,
ville ödets
trådar spinna.

Men de blifva där öfverraskade af Finn-konungens söner, hvilket ej heller tyckes vara dem okärt, ty de samtycka villigt att varda de tre brödernas brudar. Länge lefva de lyckligt tillsammans, men slutligen gripas valkyrjorna af längtan efter ett friare, mera händelserikt lif:

De sju vintrar
lyckligt lefde,
men därefter
bort de trådde.
Åter hän till
mörka skogen
ville stridens
tärnor flyga.

Och en dag på det nionde året, när bröderna voro ute på jakt, flögo de bort:

Kom från jakten
säkre skytten.

Alla salar
voro öde.
Egell öster,
Slagfiðr söder
for att älskad
brud uppsöka.

Men den tredje brodern Volundr stannade kvar i 'Ulfdalarna vid Ulfsjöns strand' och smidde där kostbara smycken:

Ädelsten i
guld han fäste,
ring vid ring på
bastrep band han,
medan städs på
ljusa brudens
återkomst han
ville vänta.

Man känner, att sådana strofer som dessa måste vara framsprungna i diktningens egen första, daggfriska vår. Sånggudinnan försmår, som nämnts, alla bilder, ty hvarför skulle hon i onödan pryda sin dikt med slika tyngande smycken, när ju redan förut hvarje stafvelse liksom dallrar af poesi?

Så sitter Volundr smed och smider den ena ringen efter den andra, alltjämnt bidande sin ljusa brud. Men Niðoðr — Niara-konungen i Svíþióð [1]) — får höra, att konstnären sitter ensam i sin sal,

---

[1]) Volundssagan är i Eddan lokaliserad till Sverige. Åtskilligt annat tyder äfven på, att densamma varit känd i vårt land.

och vill då gripa tillfället i flykten att bemäktiga
sig hans skatter:

> Spörjer Niðoðr,
> Niaradrotten,
> att nu Volundr
> ensam vore.
> Komma harnesk-
> klädda kämpar,
> — sköldar blänka
> midt i natten. —
>
> De ur sadeln
> sakta stiga
> och gå in i
> tomma salen,
> se på bast de
> ringar trädda,
> alla dem, som
> Volundr smidit.

De taga dem alla, men träda dem dock
alla utom en åter på repet. När så Volundr
kommer hem från jakten och räknar sina ringar,
märker han, att en fattas. Då tror han — 'man
vill så gärna tro, hvad man gärna önskar' — att hans
flyktade brud kommit åter och tagit den saknade
ringen. Han sitter nu försjunken i vemodiga
minnen och tänker så länge på sin unga maka,
att han omsider slumrar in. I sömnen blifver han
emellertid fängslad af Niðoðrs svenner. Denne
gifver därpå sin dotter Boðvildr den stulna ringen
och behåller själf Volundrs svärd.

På sin drottnings råd — kvinnan är ofta mannens onda genius, en i dessa hjältesånger ofta återkommande uppfattning — låter Niðoðr afskära på Volundr hans knäsenor och sätter honom på en holme, där han måste smida smycken åt konungen.

Men den lame konstnären rufvar nu på hämnd. Medan han så sitter vid sin smedja, förfärdigar han i tysthet en fjäderhamn och lockar till sig konungens tvänne unga söner. När han väl fått dem i sitt våld, halshugger han dem. Därpå försilfrar han deras hufvudskålar och skickar dessa som gåfva åt Niðoðr; deras ögonstenar förvandlar han till ädelstenar, hvilka han därpå sänder till drottningen, och af deras tänder tillvärkar han ett kostbart bröstsmycke samt skickar detta som skänk åt deras enda dotter Boðvildr. Men hon råkar bryta sönder det och smyger sig i hemlighet till holmen och beder Volundr laga detsamma:

> »blott för dig jag
> törs det säga.»

Volundr svarar då:

> »Jag skall laga
> brustna smycket,
> så det tycks din
> höge fader
> och din moder
> än mer fagert
> och dig själf
> än mera dyrbart.»

Boðvildr nu en
dryck han bjuder
och i sätet
snart hon somnar. —
»Nu jag alla
oförrätter
hämnat har, blott
en står åter»,

hvarefter

leende Volundr
sig lyfter i höjden,
men gråtande Boðvildr
skyndar från holmen.

Volundr begifver sig nu till Niðoðr. Dennes
'kunniga' drottning beder honom då ej somna
utan gå ut. Han svarar:

Glädjelös jag
ständigt vakar,
allt sen mina
söner dräptes.
Hjärtat fryser.
Kalla råd du
gaf mig. Vill med
Volundr tala.

Han spörjer därpå Volundr, huru det gått
med hans söner. Denne beder honom då gå till
smedjan på holmen — där skall han snart finna
sina söners lik under bälgen. Och sedan förtäljer
Volundr med djäfvulsk njutning, att han skickat

deras försilfrade hufvudskålar till konungen själf,
ögonstenarna till drottningen samt tänderna som
bröstsmycke till deras enda dotter. Men det är
en sak till han har att berätta:

>Eder bådas
enda dotter
Boðvildr bär ett
barn vid hjärtat.>

Niðoðr svarar då:

>Det af allt du
sagt var bittrast.
Vill ej dig ens
sådant önska.>

Mera ha de ej att säga hvarandra, hvadan ock

leende Volundr
sig lyfter i höjden;
förkrossad Niðoðr
sitter i salen.

Dock — det vore ju tänkbart att Volundr
ljugit. Niðoðr beder därför, att Boðvildr skall
komma till honom:

>Säg mig, Boðvildr!
Är det sanning?
Voren I på
holmen samman?>

Boðvildrs svar är endast detta:

>Det är sanning,
hvad man sagt dig.

Samman vi på
holmen voro,
blott en stund,
som ej bort finnas.
Ej jag kunde
där mig värna.»

Både tankar och ord äro som huggna i sten.
Det är ingen pjunkig klagan, inga braskande
fraser, blott en ordknapp, inåtvänd förtviflan,
men hvilken just därigenom blir så mycket mera
gripande; — det är en stenstil, som påminner om
Dantes världsberömda lapidarinskrift på ingångs-
porten till hans Inferno.

Helgakviða Hiorvarðssonar.
(R)

Under denna titel äro sammanfattade flera
brottstycken af sånger om den eljest okände hjäl-
ten Helge Hiorvarðsson.

Det var en gång en konung, som hette
Hiorvarðr. Denne sporde, att konung Sváfner
egde en fager dotter vid namn Sigrlinn. Han
skickar då Atle, en son af hans jarl Iðmundr, för
att anhålla om hennes hand. Efter åtskilliga
svårigheter hemför han henne som sin brud. De
få en son, stark och vän, men hvilken städse var
tyst och 'intet namn ville fästa sig vid honom'.
En dag ser denne nio valkyrjor rida 'öfver vind

och våg', och den skönaste bland dem alla hälsar
honom med dessa ord:

> Sent skall du, Helge,
> härskare varda
> — länge har örnen
> väntat på byte [1] —,
> om, fast ett hugfullt
> sinne du eger,
> ständigt du stum och
> ordlös förblifver.

Helge frågar henne då:

> Hvad låter du följa,
> bjärthvita brud, som
> gåfva till namnet
> du nu mig gifver?
> Tänk dig väl före,
> innan du svarar.
> Vill det ej hafva, om
> min du ej varder.

Valkyrjans svar lyder:

> Svärd vet jag ligga
> på Sigarsholmen
> fyra färre än
> femtio stycken.
> Ett ibland dem är
> ypperst af alla,

---

[1] Örnar, korpar och vargar vänta på att af den tappre
hjälten blifva mättade med liken af de på valplatsen svärd-
fallne kämparna.

sköldar det klyfver,
med guld är det siradt.

Helge — ty det namn han nu fått af denna stridens mö, 'fäster sig vid honom' — beder om en tid sin fader Hiorvarðr att få draga ut i härnad. Då detta tillåtes honom, uppsöker han det svärd, som valkyrjan omtalat. Härefter dräper Helge en 'mångvis' jätte vid namn Hate, och då han jämte den nyss omtalade Atle en natt ligga med sina skepp i Hatafjorden samt Atle håller vakt, uppdyker ur hafvet den dräpte jättens dotter Hrimgerðr, och det utspinner sig ett samtal mellan henne, Atle och Helge. Denna dikt, som lämpligen kunde kallas för Hrimgerðarmál, torde förtjäna anföras i sin helhet:

Hrimgerðr:

Hvad är det för hjältar,
som skeppen behängt med
sköldar i Hatafjorden. [1])
Orädda kämpar
tyckes det vara.
Säg mig hvad höfdingen heter.

Atle:

Helge han heter.
Oss du ej kan
ofärd på något sätt vålla:

---

[1]) Man brukade upphänga sköldarna på relingen för att vara skyddad mot ett oväntadt anfall.

Järnkedjor ligga
kring höfdingens skepp —
häxor ej kunna oss skada.

Hrimgerðr:

Hvad heter då du,
mäktige hjälte,
säg, hur du kallas af kämpar,
konungen visst
kan lita på dig,
när han ställt dig där framme i stäfven.

Atle:

Atle jag kallas
och grym [1]) kan jag vara:
mot häxor jag värst är af alla.
I våta stäfven
ofta jag stått
och plågat trollkunniga kvinnor.

Hvad heter du själf,
du ditt liklystna skarn,
hvad var väl din faders namn?
Djupt ner i jorden
borde du gömmas;
hår på din barm borde växa.

---

[1]) Ordleken i originalet kan ej återgifvas. Det isländska
adjektivet *atall*, i bestämd form *atle* (= gotiska *Atila*), betyder
grym.

Hrimgerðr:

Hrimgerðr jag heter,
Hate min fader.
Väldigast var han bland jättar.
Mången brud
röfva han hunnit,
förrn honom Helge slog.

Atle:

Du låg, häxa,
vid höfdingens skepp,
sam här i natt ut i fjorden.
Hjältarna skulle du
fångat åt Rán,
om icke i tid man dig hindrat.

Hrimgerðr:

Dum är du, Atle!
Står du och drömmer?
Hvarföre är du så vredgad?
Moder min låg
vid höfdingens skepp,
men Hloðvarðrs söner [1]) jag dränkte.

Gnägga du skulle,
om snöpt du ej vore.
Nu Hrimgerðr svänger sin svans.
Långt bak i ryggen
ditt hjärta visst sitter,
fast rösten röjer en hingst.

---

[1]) Dessa äro för öfrigt okända.

Atle:

En hingst skall jag visa
dig, att jag är,
så fort jag får stiga i land.
Lamslå dig kan jag,
om det mig lyster.
Då lagom du svänger din svans.

Hrimgerðr:

Stig då i land,
om du det törs.
Vi träffas i Varenns vik.
Refbenen dina
räta jag skall
så snart som jag dig har famnat.

Atle:

Ej kan jag gå,
förrn hjältarna vaknat.
Måste i stäfven här stånda.
Väntar, att snart
åter vid skeppet
du dyker upp, ditt skarn!

Hrimgerðr:

Vakna nu, Helge!
Gif Hrimgerðr böter
för att du dräpt hennes fader!
Om blott en natt
hon får sofva hos dig,
då böterna fullt äro guldna.

Helge:

Luden han heter,
som ega dig skall.
Fjärran i þolløy han bor,
mångkunnig jätte,
den värste af alla.
Det är en man just för dig.

Hrimgerðr:

Henne du ville
hellre väl ega,
som räddade nyss dina skepp.
Snöhvit mö,
mer mäktig än jag,
steg här på stranden i land.

Helge:

Hör mig, Hrimgerðr!
Dig böta jag skall,
om blott du mig sanning vill säga.
Var det *en* mö,
som bärgade skeppen,
eller voro de flera tillsammans?

Hrimgerðr:

Tre gånger nio
möar det var,
men en red främst bland dem alla.
Från hästarnas manar
det droppade dagg.
Led var för mig denna syn.

Atle:

Se nu åt öster!
Höfdingen har
med dödande ord dig fördröjt.
På land och på vatten
räddade äro
hugfulle konungens kämpar.

Dagen har randats.
Atle har grymt
Hrimgerðr för evigt försinkat.
Såsom ett löjligt
sjömärke du
städse förstenad skall stånda. [1]

Jag har ej kunnat underlåta att anföra hela
denna sång, ty den är så ytterst karaktäristisk
för den heroiska diktningen. I all sin kraftiga
naturalism är den allt igenom *ren.* Det ligger
som ett återsken af den gryende dagens ungdom-
liga fägring öfver densamma — det är som om
morgonens friska dagg droppade ur hvarje strof. —
Det berättas, att Helge var en väldig konung,
som for vida omkring i härnad. En gång kom
han till konung Øylime och bad om hans dotters
hand. Hon hette Sváva. Hon och Helge svuro
hvarandra trohet. En tid därefter — en julafton
— drog Helges broder Heðenn ut i mörka skogen
och mötte där en trollkvinna, som red på en varg

---

[1] Likasom dvärgarna blefvo ock jättarna af solskenet
förvandlade till sten.

och hade ormar till tömmar. Hon beder Heðenn
följa sig och, då denne nekar, säger hon, att det
skulle han dyrt få umgälla. På kvällen lofvar
Heðenn vid bragebägarn, att konung Øylimes
dotter Sváva skall varda hans brud. Men knappt
har han uttalat dessa ödesdigra ord förrän han
bittert ångrar dem och uppsöker Helge. Denne
säger då:

> Hell dig, Heðenn!
> Säg hvad nytt du
> ifrån Norge
> har att tälja.
> Hvarför, furste,
> har du redan
> ensam vändt till
> hemmet åter.

Heðenn svarar:

> Mycket jag mot
> dig har brutit:
> Sagt jag har vid
> löftesbägarn,
> att din brud
> jag skulle vinna.

Helge söker då trösta honom:

> Sörj ej, Heðenn!
> Bådas våra
> löften nog ej
> skola brytas:

Mig en konung
stämt till holmgång.
Om tre nätter
skall den stånda.
Vet, att snart mitt
lif är lidet.
. Intet löfte
då blir brutet.

Rörd svarar Heðenn:

Vill du, Helge,
därmed säga,
att min vän du
än vill vara?
Mer dig anstår
svärdet bloda
än att frid din
ovän gifva.

Ånyo söker då Helge trösta sin broder:

På en varg, när
ren det mörknat,
häxan red och
bad dig följa:
visste nog, att
Sigrlinns son på
Sigarsvallen
snart skall falla.

I denna strid blifver också Helge dödligt sårad
och beder då sin sven Sigarr att rida till Sváva:

Helge Sigarr
bad att rida
till Øylimes
enda dotter.
Fort hon måste
komma, om hon
åter ville
hjälten träffa.

Sigarr rider då till Sváva och förtäljer för
henne, att Helge fallit. Hon skyndar då till honom,
och döende hälsar han henne:

Hell dig, Sváva!
Glöm nu Helge!
Detta är vårt
sista möte.
Blod ur djupa
såren forsar.
Svärdet biter
nu mitt hjärta.

Ber dig, Sváva
— gråt, min brud, ej —
att du vill min
bön uppfylla.
Red en bädd åt
ädle Heðenn,
honom gif din
varma kärlek.

Sváva svarar då:

Fordom jag i
glada dagar
sagt, när Helge
smycken gaf mig,
att jag aldrig,
sen han fallit,
någon annan
älska kunde.

Ehuruväl nu intetdera löftet behöfver blifva brutet, vill dock ej Heðenn uppfylla sitt, förr än han hämnats Helges död. Han yttrar därför till Sváva:

Kyss mig, Sváva!
Ej jag åter
komma skall till
Roðolsfjällen,
förr än Hiorvarðrs
son jag hämnat,
som bland alla
var den främste.

Så slutar Helge Hiorvarðssons vackra saga.

———

Sångerna om Helge Hundingsbane.

Sagan om denne hjälte förefaller vara af rent nordiskt ursprung och tyckes jämförelsevis sent hafva blifvit inväfd i den stora sagocykeln om Volsungarna, Giukungarna, Atle och Iormunrekr.

Saxo känner visserligen en Helgo, hvilken efter att ha dödat Hundingus erhöll hedersnamnet »Hundingi interemptor» (= Hundingsbane), men han har ingenting att förtälja om, att denne Helgo skulle vara befryndad med Volsungarna. Och i den tyska uppteckningen af denna stora sagocykel omtalas han ej. I de eddadikter, till hvilka vi nu öfvergå, framställes emellertid denne Helge som en äldre halfbroder till den forngermanska hjältediktningens främste heros, Volsungen Sigurd Fáfnesbane.

Det finnes i Eddan tvänne sånger om Helge Hundingsbane, den förra en enhetlig dikt, den senare ett konglomerat af brottstycken. Som de uppenbarligen härstamma från olika skalder, måste vi behandla dem hvar för sig och vända oss då först till

Helgakviða Hundingsbana hin fyrra.
(R)

Få eddakväden ha blifvit bevarade i ett så oskadadt skick som denna vackra sång. Den bär väl allt igenom en individuell prägel, men den är på samma gång i fullaste mening episk. Hvarje strof är visserligen färgad af skaldens egen personlighet, men själf står han dock fullkomligt bakom och öfver sitt ämne. Detta är också behandladt på ett så *reflekteradt* sätt — om vi så få uttrycka oss —, att man tycker sig känna, att detsamma, huru konstnärligt fulländad än dikten är, ej varit

för skalden fullt lefvande; en omständighet, hvilken
i förening med de talrika om Hymeskviða erin-
rande kenningarna måhända tyder på en yngre
tid. Men detta kväde är ej desto mindre en *äkta*
hjältesång; öfver detsamma faller ännu den hero-
iska diktningens vackra dager.

Dikten behandlar endast Helges ungdomsår,
hans strider med konung Hundingr och dennes
söner samt hans och valkyrjan Sigrúns kärlek.
Det är först i det andra kvädet, som vi få höra
förtäljas om hans död.

Inledningen, som skildrar Helges födelse, är
nästan väl ståtlig, men det är dock malm och
klang i sådana strofer som dessa:

> Fordomtima
> skriade örnar, [1]
> flöto från fjällen
> heliga strömmar, [2]
> när i Brálundr
> Borghildr födde
> den hugstore
> hjälten Helge.

> Natt det var, och
> nornorna kommo
> att hans lefnads
> trådar spinna:

---

[1] Se noten sid 140.

[2] Naturen är i uppror, när en väldig hjälte födes.

Han mest fräjdad
skulle varda
och den främste
ibland hjältar.

Och det är ej blott örnarna, som skria af glädje, äfven korparna jubla öfver, att han blifvit född:

Högt i trädet
hungrig korp till
makan sade:
»Jag vet något:

Blott nattgammal
står ren brynjklädd
Sigmundrs son. För
oss det ljusnar.
Blicken han som
kämpar hvässer.
Gladt vi hälsa
vargars älskling.» ¹)

Snart är Helge vuxen att pröfva stridens hårda lek och redan i unga år utför han en lysande bragd, i det han dräper den mäktige konung Hundingr:

Tidigt han till
striden trådde.
När han blott var
femton vintrar,

¹) Se noten sid 140.

han den hårde
Hundingr fällde,
som så många
välden kufvat.

Och sedan Helge en tid därefter besegrat Hundingrs söner, låter skalden kärleken kasta sitt rosiga skimmer öfver den unge hjältens lefnad. Konung Hognes dotter, valkyrjan Sigrún, har blifvit lofvad åt konung Granmarrs son Hoðbroddr. Då söker hon skydd hos Helge.

Nu min fader
har sin dotter
lofvat Granmarrs
grymme ättling.
Snart skall denne
vekling komma,
om du honom
strid ej bjuder.

Helge svarar:

Frukta ej för
Isungrs [1] bane!
Strid skall stånda,
om jag lefver.

Det ståndar också en väldig kamp, denna gång mellan Helge och Granmarrs söner. Den förre utrustar en stor flotta för denna härfärd. Skaldens skildring af detta 'vikingatåg' är värkligen praktfull:

---

[1] Denne Isungr omtalas endast här. Det framgår emellertid af sammanhanget, att Hoðbroddr har besegrat honom.

Aror gnissla,
vapen rassla,
sköldar klinga
mot hvarandra.
Skumhöljd bölja
yr kring stäfven.
Snart ej Helge
stranden skönjer.

Högre ber han
hissa seglen.
Vreda vågen
vill han möta.
Ægers grymma
dotter [1]) kan ej
hjältens skepp i
djupet draga,

ty från ofvan
stridens tärna,
fagra Sigrún,
skeppen bärgar,
från den lömska
Ran dem räddar
och dem för till
Gnipalunden.

När därpå Granmarrs söner varsna Helges
flotta, spörjer Hoðbroddrs broder Guðmundr, hvem
som är höfdingen för dessa kämpar. Helges styf-

---

[1]) Ægers dotter är vågen.

broder Sinfiotle gifver ett hånfullt svar, hvarpå
han och Guðmundr börja munhuggas, men Helge
afbryter dem frågande, om det anstår hjältar att
strida med sådana vapen. Granmarrs söner samla
nu en här och vid Frekasteinn står det en väldig
drabbning, där Hoðbroddr faller och Helge vinner
en lysande seger:

> Väldig var den
> vilda striden,
> när de blanka
> svärden möttes.
> Städse Helge,
> Hundingrs bane,
> var i kampen
> främst af alla.
>
> Stridens mö från
> ofvan kom att
> — sköldar klöfvos —
> Helge skydda.
> Sen kvad Sigrún
> — häxans häst[1]) på
> korpens byte
> fritt fick frossa —:
>
> »Hell dig, furste!
> Alltid skall du
> ärad varda,
> lifvet njuta,

---

[1]) Häxans häst = vargen.

sen du fällt har
den flykttröge,
som så mångens
ofärd vållat.

Och du, konung,
väl förtjänar
gyllne skatter,
fagra sköldmön:
skall med Hognes
dotter lycklig
lefva, öfver
landen härska.»

Efter denna seger öfver Granmarrs söner hem-
för således Helge sin valkyrja Sigrún som brud.
Det väntade tragiska slutet på hans stolta saga
saknas i denna sång, men det förtäljes i

Helgakviða Hundingsbana onnor.
(R)

Under denna titel äro sammanfattade en
mängd diktfragment, behandlande skilda skeden
i Helges lif.

Då i förra delen af detta kväde i det hela
samma ämnen besjungas, som i det föregående,
behöfva vi blott redogöra för den senare afdel-
ningen af detsamma. De brottstycken af sånger,
som där anföras, äro måhända det skönaste, som
bevarats af den fornnordiska eddadiktningen.

När i det nyssnämnda slaget vid Frekasteinn

enligt denna dikt Sigrúns alla fränder förutom
hennes broder Dagr Hognason stupat, går hon
sökande omkring på slagfältet och träffar till sist
den segersälle kämpen. Helge söker då trösta
Sigrún öfver hennes fränders död:

> Sörj icke Sigrún!
> Du har oss räddat.
> Ingen sitt öde kan ändra.
> Hellre jag ville,
> att ännu de lefde
> och du dock min brud kunde blifva.

— tydligen en lösryckt strof ur ett nu förloradt
kväde.

Sigrún varder nu Helges maka, men Dagr
Hognason är pliktig att hämnas. Det blifver där-
för en ny strid, denna gång vid Fioturlundr, och
där faller Helge. Dagr begifver sig därefter till
Sigrún för att förtälja henne det sorgliga bud-
skapet:

> Sorgsen själf, jag
> sorg dig bringar,
> ville hälst ej
> se dig gråta.
> Nyss i striden
> denna morgon
> föll den främste
> ibland hjältar.

Det är mer än svårt att försöka på vårt tama,
af en tusenårig odling tämjda språk återgifva de

rasande förbannelser Sigrún nu i sin gränslösa sorg
utöser öfver sin broder:

> Det skepp skall stå stilla,
> hvarpå du vill segla,
> om ock den mest strykande
> medvind du eger;
> den häst skall stå stilla,
> hvarpå du vill rida,
> om ock dig i hälarna
> fienden följer.

> Det svärd skall ej bita,
> som modigt du svänger,
> om ej mot ditt eget
> hufvud det riktas.

Nästan förfärad söker Dagr lugna henne:

> Syster, du sanslös är
> vorden af sorgen,
> när du din broder
> så vill förbanna.
> Vet, det är Oden, som
> ensam allt vållat [1]),
> han, som bland fränder
> tvistefrön utsår.

Det uppkastas en hög öfver Helge, men
hjälten själf kommer till Valhall. Där får han
dock af Oden tillåtelse att en natt återvända till

---

[1]) Oden uppträder ofta så, ty han behöfver ständigt
öka antalet af de svärdfallne hjältarna i Valhall. Jämför
härmed den roll Oden spelar i Volsungasagan (se nedan!).

jorden. En kväll kommer Sigrúns tärna till Helges
hög och ser då, huru i luften rida fallna hjältar.
Hon spörjer då:

> Är det ett bländvärk
> min blick nu vill dåra,
> eller har Ragnarök
> randats, när döda
> hjältar nu rida
> på bleknade hästar,
> eller åt höfdingen
> hemlof nu gifvits?

Helge svarar:

> Ej något bländvärk
> din blick nu vill dåra,
> ej heller Ragnarök
> randats, fast döda
> hjältar nu rida
> på bleknade hästar,
> hellre är höfdingen
> hemlof nu gifvet.

Tärnan skyndar därpå till Sigrún och berättar
för henne, att Helge kommit tillbaka. Sigrún
går då till högen och möter Helge. Hon hälsar
honom med dessa ord:

> Vill först kyssa
> fallne kämpen,
> innan han sin
> brynja kastar.

Allt ditt hår af
rimfrost täckes.
Blodig du från
Valhall kommer.

Helge svarar:

Ensam du, min
Sigrún, vållar,
att det droppar
från mig sorgdagg [1]
Städs, min ljusa
brud, du gråter
strida tårar,
förrn du somnar.

Vet, hvar tår så
kallt och isigt
faller tungt på
kämpens hjärta.

Gladt vi skola
mjödet dricka,
fast vi mistat
lifvets glädje.
Ingen klagan
nu må höras,
fast mitt bröst af
såren blöder.

---

[1] Sorgdagg (= isländska harmdogg) = poetisk om-
skrifning för tårar.

Eddan.

Sigrún:

Här en bädd jag
ren har redt dig.
Somna sorgfri
nu min make!
Än en gång i
Helges famn får
Sigrún åter
lycklig sofva.

Helge:

Nu jag tror, att
allt kan hända,
väna brud, på
Sævafjällen,
när i bleknad
kämpes armar
Hognes unga
dotter hvilar.

Men den frist, som beviljats Helge, är snart
förliden. När dagen börjar gry, måste han åter-
vända till Valhall:

Tid är att rida
rodnande vägar,
låta bleka hästen
luftstigen tråda.
Jag skall väster
om Vindhjálmrs ¹) bro,

¹) Vindhjálmr = poetisk benämning på himmeln.

förrn Salgofner [1])
hjältarna väcker.

Det är kanske blott i sångens egen morgon-
rodnad sådana strofer som dessa kunna diktas.

Nästa kväll kommer Sigrún åter till högen,
men nu är den stängd. Länge står hon där och
väntar, och när kvällens mörker sänkt sig öfver
näjden, förstår hon, att hon väntat förgäfves:

> Kommen vore,
> om han kunnat,
> Sigmundrs son från
> Odens salar.
> Nu är hvarje
> hopp försvunnet:
> Sömnen ren hvart
> öga slutit.

Det tillägges, att Sigrún snart dog af sorg
och längtan. Och härmed slutar Helge Hundings-
banes vackra saga.

Diktcykeln om Volsungarna, Giukungarna, Atle och Iormunrekr.

Vi komma nu till de sånger i Eddan, hvilka
behandla de delvis från den stora folkvandringen
härstammande samgermanska sägner, af hvilka vi

----

[1]) Salgofner = den hane, som väcker kämparna i
Valhall upp till kamp.

återfinna spridda drag i hela den forngermanska litteraturen, men hvilka endast relativt fullständigt bevarats i den medelhögtyska hjältedikten Niebelungenlied och i de eddakväden, vi nu vilja närmare betrakta.

Dessa tvänne uppteckningar af denna sagokedja äro visserligen i mycket lika, men ock i mycket olika hvarandra. Det vore onekligen frestande att ingå på en jämförelse dem emellan, men som detta skulle föra oss allt för långt, måste vi inskränka oss till att endast nämna, att äfven öfver dessa tvänne diktcyklar falla helt och hållet olika dagrar. Den på 1100-talet i södra Tyskland diktade Niebelungenlied är nämligen redan fullkomligt färgad af Medeltidens sentimentala romantik, under det att dessa eddakväden ännu äro burna af den äkta heroiska diktningens lika enkla som storslaget tragiska skönhet. Eller med andra ord: hjälten Siegfried—Sigurd, i Eddan ännu en värklig *heros*, är i Niebelungenlied redan vorden en *riddare*.

Men ehuru vi måst så knapphändigt affärda detta intressanta ämne, äro vi likväl tvungna att lämna en kort öfversikt öfver hufvudinnehället i denna sagocykel såsom det efter åtskilliga omgestaltningar framställes i dessa eddasånger.

*   *   *

Det var en gång — så börja ju alla sagor — en dvärg, som hette *Andvare*. Denne var i besittning af en stor skatt, men var ock af en illa-sinnad norna dömd att i en gäddas skepnad ständigt 'vada i vattnet'.

De tre gudarna Oden, Høner och Loke voro en dag ute på jakt. De fingo då se en utter sitta på åstranden, ätande en fisk. Loke tog en sten och slog ihjäl uttern. Sedan gudarna flått honom, buro de skinnet till en konung vid namn *Hreið-marr*. Denne förpliktade då gudarna att som böter för dråpet fylla och hölja utterskinnet med guld, ty denne utter var ingen annan än konung Hreiðmarrs egen son *Otr* [1]).

Loke begifver sig då till 'Andvaraforsen' och fångar där gäddan (= dvärgen) Andvare samt tvingar honom att för priset af sitt lif utlämna sin skatt. Andvare är tvungen att lyda, men söker i det längsta behålla en ring — *'Andvaranautr'* — men också denna nödgar honom Loke att lämna. Då uttalar Andvare en förbannelse öfver en hvar, som blifver egare af hans skatter.

Gudarna uppsöka därpå ånyo konung Hreið-marr samt fylla och hölja utterskinnet med det från dvärgen tagna guldet. När detta är gjordt, pekar Hreiðmarr på ett hår som sticker fram. Då framtager Oden Andvaranautr och betäcker håret med ringen, under det att Loke upprepar dvärgens förbannelse.

Hreiðmarrs tvänne kvarlefvande söner *Fáfner* och *Regenn* kräfva nu sin fader på andel i böterna, men denne vägrar. Då dräper honom

---

[1]) Otr betyder på isländska utter.

Fáfner och bemäktigar sig skatten. Regenn kräfver nu af sin broder sin andel, men Fáfner svarar i sin tur nej samt lägger sig att i en ettersprutande drakes hamn rufva öfver skatten på Gnitaheden. Då börjar Regenn i tysthet stämpla mot sin broder.

Volsungr hette en fräjdad konung. Det hände en gång, att en gammal enögd gubbe gästade honom och stötte ett svärd in i en trädstam, hvarefter han gick bort. Volsungr lämnade åt sin son *Sigmundr* detta svärd. Det svärdet hette *Gramr* och var det yppersta af alla svärd. Sigmundr blef ock en fräjdad konung och hade flera söner. En af dem hette *Sinfjotle*, en annan *Helge* med tillnamnet *Hundingsbane* [1]). Omsider äktade Sigmundr konungadottern *Hiordís*, men blef härigenom invecklad i en strid med konung Lyngve Hundingsson. Sigmundr är i denna kamp nära att segra, då en gammal man i sid hatt och blå kappa visar sig midt i slaktningens tummel, korsar sin klinga med Sigmundrs, hvarvid dennes brister itu. Sigmundr faller då, men lämnar döende bitarna af sitt brustna svärd till Hiordís.

En tid härefter föder hon en son, som kallades *Sigurd*. När denne vuxit upp, beder han om tillåtelse att få välja sig en häst. Detta beviljas, och en dag, när Sigurd går i skogen, möter han en gammal man, som visar honom på en ung grå häst, på hvars rygg ännu ingen suttit.

---

[1]) Se ofvan sångerna om Helge Hundingsbane.

Den hästen hette *Grane* och var den yppersta af alla hästar.

Den nyssnämnde Regenn fostrade Sigurd och lärde honom många idrotter. När han anser tiden vara inne, uppmanar han Sigurd att dräpa Fáfner. Sigurd svarar, att därtill behöfde han ett godt svärd. Regenn smider då ett sådant. Sigurd pröfvar det genom att söka klyfva smedjestädet. Detta håller, men svärdet brister. Då smider Regenn ett nytt svärd, men det går på samma sätt. Då uppsöker Sigurd sin moder och får af henne bitarna af svärdet Gramr. Regenn hopsmider dessa och Sigurd pröfvar detta tredje svärd på samma sätt som de förra. Men nu håller svärdet och städet brister. Därpå kastar Sigurd i den förbiflytande floden en ulltott, hvilken äfven klyfves, och då ändtligen anser han sig ha fått ett godt svärd.

Sigurd dräper därpå Fáfner och på Regenns begäran steker han därefter Fáfners hjärta, men tager på det med fingret för att känna efter, om det är fullstekt. Då bränner han sig och sticker fingret i munnen. Men i och med det att Fáfners hjärtblod kommer på hans tunga, förstår han fågla-låt och begriper således hvad nötväckorna kväda till honom uppe i trädet. De råda honom att strax döda äfven Regenn och därpå taga Fáfners skatt samt rida upp till Hindarfjäll för att där befria en i trollsömn försänkt valkyrja.

Sigurd gör, som fåglarna råda, samt träffar konung *Buðles* dotter *Brynhild*. De svärja

hvarandra trohet, och Sigurd lämnar henne And-
varanautr [1]).

Efter en tid gästar han konung *Giuke.* Dennes
trollkunniga drottning *Grímhildr* räcker honom
en glömskans dryck, så att han förgäter alla de
eder han svurit Brynhild och fattar kärlek till
Giukes dotter *Guðrún.*

Giuke och Grímhildr egde flera söner. Bland
dem nämna vi *Gunnarr* och *Hogne.* Den förre
eftersträfvade Brynhilds hand. Men Brynhilds
sal var omgifven af en förtrollad eld, genom
hvilken blott den främste af alla hjältar kunde
rida, och hon hade sagt, att hon endast åt denne
ville skänka sin hand. Gunnarr försöker då rida
genom elden, men hans häst viker tillbaka. Då
växla han och Sigurd gestalt, och på Granes rygg
med svärdet Gramr i handen rider Sigurd genom
den trollska lågan. I tre nätter [2]) hvilar han hos
Brynhild med svärdet lagdt mellan dem båda.
Nu måste Brynhild hålla sitt löfte och samtycka
till att blifva Gunnarrs brud. Sigurd och hon
byta nu ringar. Sigurd tager från henne And-
varanautr och gifver henne en annan. Så rider han
hem till sin maka Guðrún och skänker henne
Andvares ring. Snart därpå ståndar Gunnarrs och
Brynhilds bröllopp — ty *hon* bryter icke sitt

---

[1]) Förf. vill ej inlåta sig på den omstridda frågan,
huruvida valkyrjan Sigrdrífa och Brynhild äro identiska
eller icke.

[2]) I Helreið Brynhildar säger Brynhild själf, att det
var åtta nätter.

löfte — och Sigurd återfår sitt minne, men som det höfves en hjälte, gömmer han stolt och tyst sitt kval i sitt bröst.

Så händer det en dag, att Brynhild och Guðrún börja tvista om, hvilken af dem, som vore gift med ypperste hjälten. Då förråder Guðrún det mot Brynhild begångna sveket. Och när denna varsnar Andvares ring på Guðrúns finger, förstår hon, att det är sannt hvad Guðrún sagt. Men då så är, kan hvarken hon eller Sigurd längre få lefva, ty »alt kan en mand give sin fulltro ven, kun ikke den kvinde han har kær, ti gør han det, da bryder han nornens lønlige spind og to liv forspildes». Brynhild söker därpå öfvertala Gunnarr att dräpa Sigurd, men först sedan hon anförtrott honom den lögnen, att svärdet Gramr *icke* låg draget mellan henne och Sigurd under de tre nätter han gästade henne, samtycker Gunnarr. Giukes söner fälla därefter Sigurd enligt en äldre tradition ute i skogen söder om Rhen, enligt en yngre i hans säng. Nu smälter Guðrún i tårar vid åsynen af sin makes lik. Men tiden helar ju, som det heter, alla sår och snart äktar hon Brynhilds broder *Atle* och går nya sorger till mötes. Men Brynhild har inga tårar. Hon brister blott ut i ett förtvifladt skallande skratt, så att Giukungasalen darrar, och genomborrar sig därefter med sitt svärd för att få följa sin älskade hjälte till Valhall. —

Nu ega de kvarlefvande Giukungarna, Gunnarr och Høgne, Andvares olycksbringande skatt. Men

Atle fikar efter densamma och bjuder Giukungarna till sig. De komma, men varda öfverfallna och fängslade. Dessförinnan har dock Gunnarr kastat guldet i Rhens skummande böljor. Nu vill Atle veta, hvar det är gömdt. Men Gunnarr tiger. Då låter Atle skära hjärtat ur bröstet på Hogne. Ännu mindre kan Gunnarr då förmås att yppa, hvarest det är doldt. Då kastas han i en ormgrop och får där sin bane. Ännu ila Rhens vågor öfver Andvares förbannade skatt, men efter Gunnarrs död finnes det ingen, som känner stället, där han sänkte guldet i floden.

Atle tillreder sedan ett storartadt graföl samt bjuder Guðrún böter, men hon vill inga taga. Hon behöfver det ej heller, ty hon har redan hämnats. Hon har nämligen dräpt sina och Atles söner, gifvit honom deras hjärtan att äta och deras blod att dricka. Gunnarrs och Hognes död är likväl ej fullt hämnad förr, än hon äfven dräpt Atle. Men då har hon också fullgjort sin plikt och behöfver ej längre lefva detta usla lif, hvadan hon störtar sig i hafvets djup.

Härmed är egentligen Volsunga-Giukunga-sagans väldiga sorgespel lyktadt.

Men ej desto mindre fortsättes det. Guðrún blir af böljorna buren till konung Jónákrs land, gifter sig med honom och där uppfostras hennes och Sigurds dotter *Svanhildr*. Denna äktar sedan den mäktige konung *Iormunrekr*, men anklagad af honom för otrohet blir hon dömd att söndertrampas af vilda hästar. Då äggar Guðrún

sina söner *Sorle* och *Hamðer* att hämnas Svan-
hildrs död. De draga åstad, men varda, då järn
ej biter på dem, stenade af Iormunrekrs folk.
Och därmed är ändtligen Volsunga-Giukunga-ätten
fullkomligt utslocknad.

Bakom denna sagocykel kan man skönja
några historiska tilldragelser. De äro visserligen
icke många, men desto mera upplysande.

Det är möjligt, att Volsungasagan har en
historisk grund, men härom veta vi intet med
visshet. Däremot är detta bevisligen fallet med
sagorna om Giukungarna, Atle och Iormunrekr.

Omkr. 375 e. Kr. började den stora germanska
folkvandringen, i det att de asiatiska Hunnerna
då inbröto i Europa. Dessa underkufvade först
de vid Svarta hafvet boende Östgoterna, hvilkas
öfver 100-årige konung *Ermanarik* (= tyska
Ermentrich, isländska *Iormunrekr*) stupade.

Enligt den på latin skrifvande gotiske histo-
rikern Jordanes lät konung *Hermanaricus* en
hustru till en af sina höfdingar söndertrampas af
vilda hästar. Hon hette *Sunilda* och hennes
bröder *Sarus* och *Ammius* hämnades på Herma-
naricus genom att dödligt såra honom.

Förmådd af den västromerske fältherren Aëtius
angrep Hunnernas konung *Attila* (= tyska *Etzel*,
isländska *Atle*) den burgundiske konungen *Gundi-
carius* (tyska *Gunther*, isländska *Gunnarr*) och
tillfogade honom 435 och 437 e. Kr. tvänne af-
görande nederlag, i hvilka, enligt en väl något
öfverdrifven berättelse, ej endast Gundicarius själf,

utan äfven hela det burgundiska folket lär hafva
gått under. En tid därefter blef Attila själf dräpt
af sin maka Hildico. Som gäst hos Atle uppträder
ock *þjóðrekr* (= tyska *Dietrich, Didrik,* vanligen
kallad *Didrik af Bern* = Verona), hvilken är
den fräjdade östgotakonungen *Theodorik den
store* († 526 e. Kr.).

Åtskilliga namn på dessa 'hjältar' känner man
sålunda mycket lätt igen, men framställningen och
tidsföljden äro i historien och hjältesagan vida
skilda. Hvad som i den förra är så att säga all-
mänt socialt, det göres i den senare till något
rent privat och personligt, ty, som vi ofvan sagt,
under den heroiska tiden är det *individen,* som
representerar samhället. Striden mellan det hun-
niska och det burgundiska folket omvandlas där-
för till en familjetvist mellan Atle och Giukungarna
rörande Andvares förbannade skatt. Vi märka
ock, att sagan ej bryr sig det minsta om krono-
logien. Ermanarik († 376?), Attila († 453) och
Theodorik († 526) äro alla samtidiga, ja denna
sagokedja rent af slutar med den i tiden älste af
af dessa 'folkvandringskonungar', nämligen Erma-
narik.

Vi ha nämnt några ord om den historiska
grunden för dessa forngermanska hjältesagor. Och
detta af det skäl, att det är mycket sällan man
kan stå så att säga med historien i den ena och
sagan i den andra handen samt, jämförande dem
med hvarandra, få en inblick i. på hvad sätt den
poetiska hjältedikten i folkfantasien så småningom

uppväxer ur den prosaiska historiens torra och nakna fakta.

* * *

De sånger i Eddan, som behandla denna stora sagocykel, bilda — i fall vi få medtaga de nu förlorade — ett storartadt uppslag till ett forn-nordiskt epos, i enkel och osökt skönhet fullt jämstäldt med, i gripande tragisk storhet måhända öfverlägset de homeriska hjältedikterna. Men dessa kväden äro endast ansatser till ett sådant epos, och de ha dessutom kommit till eftervärlden i ett mycket fragmentariskt skick. Det är med andra ord blott *bitarna* af Sigmundrs brustna svärd, som vi ega kvar, och nu finnes det ingen Regenn smed, som åter kan smida dem samman till ett. —

Då vi nu försökt lämna en kortfattad redo-görelse för innehållet i denna sagokedjà, kunna vi inskränka oss till att i det följande blott påvisa det vackraste och mest minnesvärda i dessa dikter.

* * *

I spetsen för dessa står i Eddan ett litet prosaiskt stycke, handlande om Sinfjotles död — Frá dauða Sinfjotla (Sinfjotlalok) —, i hvil-ket det berättas, huru Sigmundrs son Sinfjotle blifver förgifven af sin styfmoder Borghildr [1]),

---

[1]) Ofvan omtalad som Helge Hundingsbanes moder.

samt huru Sigmundr sedan bär sonens lik i sina armar till en sjö, där en man (= Oden?) mottager liket i en båt och därpå försvinner. Detta lilla prosaiska stycke har sitt stora intresse, emedan det, jämte andra utdrag, uppenbarligen tyder på nu förlorade sånger om Sigmundr och Sinfjotle. Härefter följer:

Gripesspá,
(R)

en dikt, om hvilken man kunde vara frestad att säga, det den aldrig borde ha diktats.. Den är nämligen blott ett orienterande öfversiktskväde, som från estetisk synpunkt värkar minst sagdt störande. Ty innehållet i detsamma är, att Sigurd begifver sig till sin morbroder, den 'framvise' Griper för att af honom få veta sina kommande öden. Detta jämte den ovanligt regelbundna metern häntyder en ganska ung ålder —, att denna dikt måhända är samtidig med Alvíssmál. Volsunga-Giukungasagans storslagna sorgespel har legat fullt färdigt för författaren, och med en besynnerlig smaklöshet låter han här, som sagdt, hjälten på förhand få veta sitt öde.

Men detta hindrar dock ej, att icke äfven denna sång eger ett visst poetiskt värde.

Då Griper i sin spådom kommer till den afgörande vändpunkten i Sigurds lif, då detta skall varda skymdt af sorger och tyngdt af lidanden, vill han tiga:

Ljusast för min
blick din ungdoms
vackra dagar
tycktes ligga.
Ej jag längre
fram kan skåda.
Glömt jag har, hvad
nyss jag visste.

Men Sigurd vill framför allt ha visshet, hur sorglig den än må vara, och det finnes blott *ett* han fruktar — vanäran. Han beder därför Griper se än längre fram i tiden:

Ingen man på
jorden vet jag,
som kan längre
framåt skåda.
Allt förutan
tvekan säg mig,
om ock skam mitt
lif skall fläcka.

Griper svarar då:

Ej af skam ditt
lif skall fläckas.
Låt det trösta
dig, min frände!
Vet, så länge
världen finnes,
ej ditt minne
skall förgätas.

Sigurds stolta, resignerade svar är blott det, 'att ingen kan öfvervinna sitt öde' och »bättre hade du spått, om du så kunnat, frände».

Äran är långt mera värd än lifvet och lyckan — detta är grundtanken i denna dikt. Sigurds önskan att få veta sin lefnads saga, den må vara huru dyster som hälst, samt Gripers motvilja att för den unge hoppfulle hjälten yppa, huru bittert hans lif skall blifva, kasta ännu en förbleknad aftonglans från den äkta heroiska diktningens slocknade dag öfver denna sång.

Regensmál.
(R)

Den samling af brottstycken ur skilda kväden, som man brukar sammanfatta under denna titel, är i det hela att betrakta som en prolog till det följande sorgespelet.

Först berättas det, huru gudarna dräpa Otr och förpliktas af Hreiðmarr att erlägga böter. Loke begifver sig då till Andvaraforsen och fångar gäddan (= dvärgen) Andvare. När han fått henne i sitt nät, spörjer han:

Hvad är du för fisk,
som simmar här i forsen
och dig ej mot faran värnar?
Lämna mig
din dolda skatt,
om lifvet du vill rädda!

Gäddan svarar:

> Andvare jag heter,
> Oenn var min fader.
> Mången fors jag genomfarit.
> Onda makter
> mig ha dömt
> att i vatten städse vada.

Loke tvingar nu Andvare att lämna allt sitt guld, och när denne äfven måste gifva sin ring, uttalar han förbannelsen:

> Detta guld, som
> Gustr [1]) förr egde,
> skall två bröders
> bane vålla
> och skall väcka
> strid bland hjältar.
> Sorg min skatt skall
> alla bringa.

Gudarna erlägga därpå åt Hreiðmarr de fordrade böterna, och Loke upprepar Andvares förbannelse:

> Nu dråpet är sonadt
> och guldet du fått;
> men vet, det dig ofärd skall bringa.
> Det ej dina söner
> skall lända till lycka,
> skall varda dem båda till bane.

----

[1]) Gustr, ett obekant namn. Möjligen någon af Andvares förfäder.

Denna spådom börjar snart gå i fullbordan. Då nämligen Hreiðmarr ej vill gifva sina söner deras andel i böterna, dräper honom Fáfner och bemäktar sig skatten, hvarefter Regenn börjar stämpla mot sin broders lif.

Därpå förtäljes, huru Regenn uppmanar Sigurd att döda Fáfner samt smider ihop bitarna af Sigmundrs svärd, hvarefter Sigurd drager i härnad mot konung Lyngve Hundingsson för att hämnas sin fader. Under färden träffar han en gammal enögd man, som gifver honom en mängd värdefulla råd, hvilka i mycket påminna om Háva- mál. När Sigurd sedan fällt konung Lyngve, äggar honom Regenn på nytt att dräpa Fáfner, och Sigurd samtycker nu härtill. Det är detta, den unge hjältens stordåd, som behandlas i

Fáfnesmál.
(R)

Regenn och Sigurd begifva sig till Gnita- heden och medan Regenn håller sig undan, stöter Sigurd sitt svärd i Fáfners hjärta. Vridande sig i dödskampen spörjer då denne, hvad den djärfve ungersvennen månde heta, och uttalar därpå And- vares förbannelse:

Allt jag sagt
till ondt du tyder,
men vet — nu sannt jag säger:

Min stora skatt,
mitt röda guld
skall varda dig till bane.

Men full af hopp och mod lägger ej Sigurd detta på sinnet, utan svarar gladt:

Det röda guld
vi alla älska
så länge lifvet varar,
och en dag måste
ju hvar och en
draga ned till Hel.

Sedan Fáfner dött, kommer Regenn fram, dricker hans blod och skär ut hans hjärta samt beder Sigurd steka det. När nu denne, som ofvan berättats, sticker fingret i munnen och Fáfners hjärtblod kommer på hans tunga, förstår han hvad nötväckorna kväda där uppe i trädets grenar.

Den första sjunger:

Blodbestänkt där
Sigurd sitter.
Fáfners hjärta
nu han steker.
Ringfördärfvarn [1]
klok mig tycktes,
om han själf nu
hjärtat åte.

[1] Poetisk omsk ifning för hjälten, som sönderhugger sin armring och utdelar bitarna åt sina kämpar.

Den andra sjunger:

>Där nu ligger
>falske Regenn,
>och vill svika
>unge kämpen.
>Ränker han, den
>lömske smider,
>vill sin dräpte
>broder hämna.

Den tredje sjunger:

>Ett hufvud kortare
>borde nu Regenn
>draga neder till Hel.
>Ensam Sigurd
>då egde guldet,
>på hvilket Fáfner rufvat.

Den första sjunger:

>Klok han vore,
>om han följde
>rådet, som I
>systrar gifvit.
>Ser jag endast
>vargens öra,
>väntar jag, att
>själf han kommer.

Den andra sjunger:

>Ej så klok är
>unge kämpen,

som jag ville,
att han vore,
om han låter
Regenn lefva,
när han Fáfners
lif har tagit.

Den tredje sjunger:

Mycket ovis
han är, om han sparar
sin lömske fiendes lif.
Regenn nu ligger
och rufvar på hämnd,
men sådant fatta ej hjältar.

Sigurd utbrister då:

Ej skall det varda
mitt öde, att Regenn
mitt unga lif mig beröfvar.
Brådt skola båda
bröderna nu
draga neder till Hel.

Han hugger därpå hufvudet af Regenn, dricker
därefter bådas blod och äter Fáfners hjärta. Då
börja fåglarna åter sjunga:

Bind nu samman
röda ringar!
Hjältar få ej
ödet rädas.

Vet, en mö, af
alla fagrast,
prydd med guld, din
brud skall blifva.

Rid nu hän till
Giukes salar!
— ödet visar
hjältar vägen —.
Där du kungens
sköna dotter
skall med gyllne
skatten vinna.

Rid nu hän till
Hindarfjället!
På dess topp en
borg är timrad.
Af förtrollad
eld den skyddas:
lågan städs kring
muren leker.

Där på fjället
stridens tärna
sänkts i sömn, af
flammor omhvärfd.
Oden henne
söft med trolldom,
ty hon brutit
mot hans vilja.

Sigurd lyder fåglarnas råd, begifver sig till Fáfners boning, tager där den olycksbringande skatten, lastar den på Granes bogar och rider upp till Hindarfjäll, själf belastad med Andvares, Lokes och Fáfners förbannelse [1]).

Sigrdrífomál.
(R)

Innehållet i denna sång är, åtminstone vid ett mera flyktigt påseende, ganska öfverraskande. Man väntar sig ett kärlekskväde och man mötes i stället af en lärodikt. Det må villigt erkännas, att man nog kan — om man så vill — finna en förklaring härtill. Genom att dräpa Fáfner hade Sigurd visat sig vara i *mannakraft* den främste af alla. Af den valkyrja, han nu uppväcker ur trollsömnen, får han lära sig sådana visdomsrunor, att han äfven i *mannavett* skall varda den främste af alla, ty att *kunskap är makt och att vetandet till sist är det yppersta vapnet af alla* — det är en genomgående, lefvande uppfattning hos de forna nordborna. Men icke desto mindre före-

[1]) På *Ramsundsberget* i Södermanland finnes Fáfnesmål så att säga illustreradt, ity att där är framstäldt, huru Sigurd dräper Fáfner, huru han steker Fáfners hjärta, sticker fingret i munnen etc. Samma 'illustration' är upprepad på ett klumpigare sätt på den närbelägna *Gökstenen*. Dessa ristningar visa, att Volsungasagan varit känd i vårt land. Måhända ha då äfven hos oss 'Sigurdskväden' funnits.

faller denna sång vara så att säga mycket omaka i denna diktkedja.

Sigurd rider som sagdt till Hindarfjäll, spränger på Granes rygg genom den förtrollade elden och uppväcker där den sofvande valkyrjan Sigrdrífa [1]). När han med svärdet Gramr skurit upp hennes brynja, spörjer hon:

> Hvem skar brynjan?
> Hvem lät sömnens
> bleka fjättrar
> från mig falla?

Sedan Sigurd besvarat denna fråga, säger valkyrjan:

> Länge jag sofvit,
> länge en hvar
> för sina felsteg får lida.
> Oden det vållat,
> att icke jag kunnat
> vakna ur trollska sömnen.

Hon berättar därpå, att Oden försänkt henne i denna sömn, emedan hon i en strid fällt en annan kämpe än den, Oden ville hafva med sig till Valhall, och att han än ytterligare ville straffa henne med att förbjuda henne att vara en stridens tärna, utan att hon i stället skulle blifva en mans brud. Men då svor hon den eden, att hon endast skulle tillhöra den hjälte, hvilken ej kunde känna någon fruktan. Och nu har han — den

---

[1]) Sigrdrífa = Brynhildr? Se sid. 168.

forngermanska världens främste heros — kommit.
Hon räcker därpå Sigurd en minnesbägare [1]) och
kväder därpå en mängd visdomsrunor, hvilka i
hög grad erinra om senare delen af Hávamál.
Då dessa lärdomar emellertid ej kunna vara af
något allmänt intresse, vilja vi här förbigå dem.
Efter denna runosång yttrar valkyrjan:

> Nu skall du välja,
> när valet dig bjudes,
> du, de hvässade vapnens stam [2]).
> Afgör nu själf,
> hvad du vill lofva.
> Vet, ingen sitt öde kan ändra.

För att förstå Sigurds svar, torde man väl
få antaga, att några strofer här äro utfallna, i
hvilka valkyrjan berättar för honom, att hans kär-
lek skulle vålla honom en tidig död, ty Sigurd
svarar:

> Fast snart jag skall dö,
> jag aldrig skall fly.
> ` Ej till en vekling jag föddes.
> All din kärlek
> jag ensam vill ega,
> så länge mitt korta lif varar.

Måhända ha härefter ånyo följt några strofer,
i hvilka valkyrjan och Sigurd lofva hvarandra

---

[1]) Värkan af denna trolldryck blifver sedan upphäfd
af den glömskans dryck, som Gjukunga-drottningen Grím-
hildr bjuder honom.
[2]) En kenning för hjälten.

evig trohet. Men i stället börjar valkyrjan kväda en ny runosång i samma stil som den förra.

Slutet af Sigrdrífomál finnes endast i unga pappershandskrifter, ty här börjar den förut omnämnda stora luckan i R. —

Det är alldeles självklart, att härefter följt åtskilliga kväden, och med stöd af den på prosa skrifna, men på gamla sånger baserade Volsunga-sagan kunna vi till och med påstå, att dessa förlorade dikter torde ha handlat om Sigurds och Brynhilds trolofning, om Gunnarrs frieri till Brynhild, då Sigurd i Gunnarrs hamn rider genom den förtrollade elden, om Guðrúns och Brynhilds samtal, under hvilket den förra yppar det begångna sveket m. m.

När den sönderslitna tråden åter upptages, mötas vi af ett brottstycke, förmodligen en ringa rest af ett ganska långt kväde. Vi införas genom detta fullkomligt 'in medias res'. Man har kallat detta fragment

Brot af Sigurðarkviðo.
(R)

I sin vackra minnesruna öfver den i förtid bortgångne Nils Trolle yttrar Tegnér:

>Men nu är din lefnad lik den store
konstnärns torso; kraftig, skön som den.
Ack, men stympad. Dröm, som om den vore
hel igen!>

Vi vilja sätta denna strof som motto öfver

detta brottstycke, ty äfven det är i sanning en kraftig och skön, fast stympad torso. Och väl vore, om någon nu funnes, som kunde 'drömma denna sång hel igen'. Den är nämligen, trots sitt fragmentariska skick, måhända det vackraste den heroiska diktningen kan uppvisa. Det vore därför ock en nästan oförlåtlig synd att mer än nödigt är störa och förstöra den genom några kommentarier, och vi vilja därför inskränka oss till att, med uteslutande af blott några få strofer, endast öfversätta densamma.

* * *

— — —

Hogne kvad:
Hvad har Sigurd
då väl brutit,
när du vill den
tappre dräpa?

Gunnarr kvad:
Mig har Sigurd
svurit eder,
eder svurit,
alla falska [1]).

---

[1]) Denna upprepning är tydligen afsiktlig.
Originalet lyder:
Mik hefr Sigurðr
selda eiða,
eiða selda,
alla logna.

Han mig svek, när
just han borde
framför allt sitt
löfte hålla.

Hogne kvad:
Brynhild äggat
dig mot Sigurd
för att sig på
honom hämna;
unnar Sigurds
famn ej Guðrún
och sin egen
dig ej, Gunnarr.

Gunnarr och Hogne dräpa därpå Sigurd ute
i skogen söder om Rhen — detta i full öfverens-
stämmelse med den tyska traditionen:

Bortom Rhen blef
Sigurd mördad.
Korpen högt i
trädet kvad: »Snart
Atle svärdet
rödt skall färga.
Bruten ed er
bane vållar.»

Så komma Giukes söner hem och mötas af
Guðrún och Brynhild:

Stod där Guðrún,
Giukes dotter.

Först af allt hon
detta sade:
»Hvar är Sigurd,
hjältedrotten,
när *I* båda
främst nu riden?»

Endast Hogne
kunde svara:
»Nyss med svärd vi
Sigurd fällde.
Lutad står vid
liket Grane.»

Brynhild då i
vild förtviflan
brast i skratt så
borgen skälfde:
»*Länge* skolen
I nu härska,
sen I hjältars
hjälte mördat».

Då kvad Guðrún,
Giukes dotter:
»Ej du kan mer
bittert säga.
Gunnarr, dig jag
nu förbannar.
Snart skall Sigurd
hämnad varda.»

Då kvad Brynhild,
Buðles dotter:
»Njuten nu af
maktens lycka.
Ensam skulle
Sigurd härskat,
om han längre
lefva unnats.»

Kvällen kommer och alla somna utom Gun-
narr, ty han ligger vaken och tänker på den
stundande hämnden, hvarom korpen sial. I dag-
gryningen vaknar ock den af själskval uttröttade
Brynhild:

Vaknar Brynhild,
Buðles dotter,
stridens mö, när
dagen randats.
»Nu mitt kval jag
ljud må gifva,
eljest snart mitt
hjärta spränges».

Alla tego.
Ingen kunde
hennes vilda
känslor fatta.
Nu i häjdlös
sorg begrät hon,
hvad hon glad nyss
tycktes önska.

Hon berättar därpå för Gunnarr hvad hon
drömt under natten:

»Gunnarr nyss i
drömmen såg jag
— kall var salen,
kall var sängen. —
Glädjelös den
grymme red och
blef af falska
vänner fjättrad.

Giukes söner
skola falla,
ty de edens
helgd ha brutit.

Nog du, Gunnarr,
minns, när blod du
blandade med
Sigurd samman.
Nu du honom
illa lönat,
ty han var den
främste hjälten.

Minns du, när han
öfver elden
red för att min
hand dig vinna?
Vet, att ädle
fällde kämpen

alla sina
eder hållit.

Vet, att mellan
oss lät Sigurd
guldbeslagna
svärdet ligga.
Städse eld det
brann kring äggen,
städse klingan
dröp af etter.»

I detta fragment återfinna vi samma under-
liga, ordknappa stenstil som i Volundarkviða.

Guðrúnarkviða hin fyrsta.
(R)

Guðrún sitter lutad öfver Sigurds lik, men
hon kan icke gråta, ty därtill är hennes sorg allt
för stor. Då träder den ena efter den andra fram
till henne för att försöka trösta henne, men:

dock ej Gðurún
gråta kunde,
fastän hjärtat
brista ville.

De förtälja för henne sina egna lidanden,
men allt är förgäfves: Guðrún sitter fortfarande
tårlös lutad öfver sin döde make. Då lyfter
hennes syster Gullrond bort täcket:

Hon från liket
täcket lyfte,
kallnad kind mot
Guðrúns lade. —
»Se på honom,
nyss du kysste;
tro, att än din
make lefver.»

En gång Guðrún
såg på Sigurd,
såg hans hår af
blodet klibbadt,
döde härskarns
brustna ögon,
det af svärdet
klufna hjärtat.

Då sjönk Guðrún
ned vid sängen.
Håret lossnar,
kinden rodnar,
och som störtregn
heta tårar
falla ned i
hennes sköte.

Då grät Guðrún,
Giukes dotter;
så att vida
kring det hördes,

så att hennes
fagra fåglar
skrämda gällt på
gården skreko.

Sen kvad Guðrún,
Giukes dotter:
»Var bland mina
bröder Sigurd
som en ek i
låga gräset,
som bland stenar
ädelstenen.

Nyss jag tyckte,
att jag egde
större makt än
Odens tärnor.
Nu, när hjälten
dött, så ringa
är jag som ett
löf på grenen.

Nu i sätet,
nu i sängen
härskarn saknas.
Giukes söner,
Giukes söner [1]
detta vållat.
De sin syster
bragt att gråta.

[1] Upprepandet afsiktligt. Jämför sid. 187.

Snart skall land och
rike härjas:
ty de edens
helgd ha brutit.
Ej du, Gunnarr,
lycklig varder:
röda ringar
bli din bane.

Förr i salen
glädje rådde,
hvar gång Sigurd
Grane sadlat, —
när han for att
Brynhild vinna,
hvilken ensam
allt har vållat.»

Då kvad Brynhild,
Buðles dotter:
»Utan barn och
make varde
hon, den leda,
som dig lärde
gråta så i
Giukes salar!»

Stolt hon stod, den
höga sköldmön.
Häftigt hennes
barm sig häfde,

Eld det brann i
hennes blickar,
när på Sigurds
sår de föllo.

Atskilliga strofer äro i denna öfversättning
uteslutna, men de anförda torde vara tillräckligt
många för att äfven beträffande denna dikt göra
alla kommentarier öfverflödiga.

Sigurðarkviða hin skamma.
(R)

Detta är visserligen ett af de längsta kvädena
i Eddan, men denna titel — 'det *korta* Sigurds-
kvädet' — torde dock måhända vara den rätta.
Häraf skulle då emellertid följa, att det funnits ett
annat, än längre kväde om Sigurd, och det är ju
möjligt, att det nyss behandlade »Brot af Sigurdar-
kviðo» är slutet af detta.

Härmed må emellertid förhålla sig hur som
hälst. Visst är i alla fall, att åtskilligt talar för,
att denna sång är yngre än detta brottstycke.
Härpå tyder nämligen kanske den omständigheten,
att framställningen är bredare och fylligare, samt
att i detta kväde Sigurd ej mördas ute i skogen,
utan sofvande i sin säng. I denna dikt är dess-
utom sagan om Iormunrekr redan knuten till den
stora sagocykeln om Volsungarna, Giukungarna
och Atle.

Kvädet börjar med att skildra, huru Sigurd kommer till Giukungarna och Guðrún blir hans brud:

Gafs åt Sigurd
fagra jungfrun,
unga Guðrún,
Giukes dotter.
Gladt tillsammans
hornen tömde
Sigmundrs son och
Giukes söner.

Därpå framställes Gunnarrs frieri till Bryn-hild, huru Sigurd lägger sitt svärd mellan henne och sig samt huru Brynhild efter att ha äktat Gunnarr finner lifvet glädjelöst och äggar denne att döda Sigurd:

Nu hon ville
sveket hämna.
»Vet, att, Gunnarr,
allt du mister;
allt mitt rike,
all min ynnest,
aldrig mer du
får mig ega.

Vet, jag fara
vill till hemmet
och till mina
fränder åter,
dådlös lifvet
där bortsofva,

om du ej vill
Sigurd fälla.

Men Gunnarr tvekar länge. Skalden förbigår
här Brynhilds lögn, att svärdet *icke* låg draget
mellan henne och Sigurd, och låter i viss mån
Gunnarr förmås till mordet af fruktan att mista
Brynhild. Till sist rådför sig Gunnarr med Hogne:

Mer än allt för
mig är Brynhild,
Buðles dotter,
främst bland kvinnor.
Förr mitt unga
lif jag låter,
än jag henne
vill förlora.

Vill du Sigurd
fälla? Vore
ljuft att röda
guldet ega,
råda öfver
Fáfners skatter,
utan sorger
lifvet njuta.

Hogne härpå
svarar: »Icke
oss det anstår
honom svika,

och med svärdet
eder svurna,
svurna eder [1])
svikligt bryta.»

Men när Gunnarr slutligen föreslår, att man
kunde använda Guttormr — deras yngre broder
— som värktyg, eftersom denne ej svurit Sigurd
några eder, samtycker omsider Høgne.

Sigurd blir därpå dräpt sofvande i sängen af
Guttormr, men kastar då svärdet Gramr mot
Guttormr med sådan kraft, att denne klyfves i tu.
Guðrún, som låg insomnad, vaknar nu vid att
hon simmar i Sigurds blod.

I förtviflan
slog hon sina
händer samman.
Då kvad Sigurd:
»Gråt ej, Guðrún,
så förfärligt.
Mins, att dina
bröder lefva.»

Han yttrar därefter, att han förstår, att det
egentligen ej är Giukes söner, utan Brynhild, som
vållat hans död, ty:

»Hon mig mer än
allt har älskat.
Ej jag Gunnarr
nu vill klandra.

[1]) Se rörande upprepningen sid. 187.

Jag har inga
eder brutit,
fast man sagt, jag
Brynhild famnat.»

Sedan Sigurd dött, faller Guðrún i en så
högljudd gråt, att det tränger till Brynhilds säng.
Denna brister då ut i ett skallande skratt, men
detta är så skärande, att Gunnarr säger:

Ej af glädje
nu du skrattar.
Säg mig, hvarför
så du bleknar?
Snart, jag tror, ditt
lif är lidet,

hvarpå han yttrar, att Brynhild nu vore värd, att
man dräpte Atle midt för hennes ögon. Brynhild
svarar då, att Atle skall lefva längre än både
Gunnarr och Hogne, och att de aldrig skulle ridit
till hennes borg, ty det var blott åt *en* hon kunde
lofva sin tro, nämligen åt den hjälte, som kom
till henne med Fáfners skatt lastad på Granes
bogar:

En jag älskat.
Stridens tärnor
ej som andra
hugen skifta.
Det skall Atle,
snart få spörja,
när min död för
honom täljes.

Upp steg Gunnarr,
kämpars höfding,
och om henne
armen lade.
Alla sökte
henne hindra
från att fallne
hjälten följa.

Men Brynhild låter sig ej öfvertalas:

Häftigt alla
bort hon stötte:
ville långa
vägen vandra.

Klädde sig i
gyllne brynja,
var ej lugn förr
än sitt hjärta
hon med svärdet
genomborrat.
Sen på sängen
sjönk hon neder.

Hon bjuder därefter sina tärnor följa sig i döden, men då alla tiga, säger hon:

Ej jag vill, att
mot sin vilja
någon nu skall
lifvet lämna.

Hon yttrar därpå till Gunnarr, att Guðrún nog blefve tröstad förr, än man kunde tro: Grimhildr skulle nämligen gifva henne en glömskans dryck, hvarefter hon komme att äkta Atle. Därpå säger hon, att Gunnarr skulle fatta kärlek till hennes syster Oddrún, men att Atle komme att motsätta sig deras förening, hvilket han dock icke borde, ty:

> hon så varmt dig
> älskar, som jag
> skolat, om så
> ödet velat —

ord, hvilka i Brynhilds mun ega en egendomligt vek och rörande klang.

Så befaller hon, att det skall tillredas ett så stort bål, att rum där finnes för alla dem, som nu med Sigurd och henne somna in i den sista sömnen, hvarpå hon i dödsminuten ännu en gång bedyrar sin och Sigurds skuldlöshet:

> Mellan oss må
> svärdet åter
> draget ligga
> liksom fordom,
> när i samma
> säng vi sofvo,
> fast hvarann vi
> aldrig famnat.

> Nu jag talat.
> Ville mera

säga, om mig
tid förunnats.
Blodet mina
ord vill kväfva.
Sannt jag sagt. Nu
döden nalkas.

Äfven rörande denna dikt torde alla vidare kommentarier vara öfverflödiga.

Helreið Brynhildar.
(R)

Detta lilla kväde är blott en kort återblick på de viktigaste tilldragelserna i Brynhilds lif.

På färden till de dödas värld träffar Brynhild en jättekvinna, som vill förebrå henne allt det onda hon stiftat.

Vet det, Brynhild!
Ingen födts, som
större kval och
sorger vållat.
Du har Giukes
ätt förhärjat,
uppväckt strid i
kungaborgen.

Denna jättekvinnans anklagelse gifver Brynhild en osökt anledning att ännu en gång, äfven sedan hennes lif är lidet, bedyra sin egen och Sigurds oskuld. Efter att hafva redogjort för sina första öden kommer hon till den afgörande vändpunkten i sitt lif, då Oden försänkte henne i den trollska sömnen:

> Omgaf mig i
> Skatalunden
> Oden med en
> borg af sköldar.
> Blott af den jag
> kunde väckas,
> som ej någon
> fruktan kände.
>
> Rundtom salen
> lät han höga
> trollska lågan
> ständigt leka.
> Blott den Fáfners
> skatter egde
> kunde genom
> lågan rida.
>
> Vet, i samma
> säng som syskon
> vi två unga
> samman lågo.
> Aldrig under
> åtta nätter [1]

---

[1] Se noten sid. 168.

om hvarann vi
armen lade.

Dock har Guðrún,
Giukes dotter,
sagt, att Sigurd
då mig famnat. —
Fick mer veta
än jag ville, —
att man mig så
grymt bedragit.

Städse skola
män och kvinnor
födda bli till
strid och sorger. —
Ingen mig från
Sigurd längre
mäktar skilja.
Sjunk nu neder! —

Det är, som sagdt, ej den gråtande Guðrún,
utan stridens tärna, den stolta Brynhild, som, för-
aktande den lilla lycka det lumpna lifvet möjligen
kan skänka, genomborrar sitt hjärta för att få
följa sin svärdfallne hjälte till Valhall.

Guðrúnarkviða onnor.
(R)

I detta kväde berättar Guðrún, som nu är gift med Atle, för dennes gäst þjódrekr [1]) sin sorgliga saga. Först omtalar hon, huru Sigurd mördades och huru hon sörjde öfver hans död. Skildringen häraf är i det hela densamma som i Brot af Sigurdarkviðo, men mera utförlig och till följd häraf liksom urvattnad. Vi vilja därför förbigå densamma med undantag af en strof, hvilken på grund af sin rörande skönhet torde böra anföras. När Guðrún fått höra, att Sigurd fallit, uppsöker hon honom och ser då Grane stå sörjande öfver liket:

> Gråtande jag
> gick till Grane,
> där han stod med
> lutadt hufvud
> öfver hjälten:
> hästen visste,
> att hans herre
> mer ej lefde.

Hon förtäljer därpå för þjódrekr, att hon vandrade bort och slutligen kom till þóra Hákonsdotter i Danmark, där hon vistades i sju halfår. Men hennes moder Grímhildr får veta detta, gifver henne en glömskans dryck och öfvertalar henne

---

[1]) þjóðrekr = Theodorik den store. Se sid. 172.

att äkta Atle. Guðrún anar likväl, att detta blott
skall lända till nya olyckor, och profetiskt säger
hon därföre om Atle:

> Han skall Gunnarrs
> bane vålla
> och ur Hogne
> hjärtat slita.
> Då först skall jag
> lifvet lämna,
> när jag själf min
> make dödat.

Sedan berättar hon, huru Atle en gång väckte
henne och bad henne tyda en hemsk dröm, som
han haft under natten. Atle sade:

> Tycktes mig att
> tvänne unga
> skurna skott, som
> bort få växa,
> upp med sina
> rötter ryckta,
> på ett fat fram
> till mig buros.

> Tycktes mig att
> tvänne unga
> svultna hökar
> från mig flögo.
> Sen jag måste
> deras stekta
> hjärtan mot min
> vilja äta.

Tycktes mig att
tvänne valpar
sorgsna sprungo
bort ifrån mig.
De af hunger
båda tjöto.
Deras kött jag
måste tära.

Denna Atles dröm varder äfven sannad, när Guðrún för att hämnas sina bröders död dräper sina och Atles söner.

Detta kväde är, som vi se, på samma gång en blick tillbaka på gångna och en blick framåt på stundande sorger. Och det är i så hög grad episkt, att ehuru visserligen Guðrún här själf för þjódrekr berättar sina öden, träder dock äfven hon fullkomligt i bakgrunden.

Guðrúnarkviða hin þriðia.
(R)

Herkia hette en af Atles tärnor och hon hade varit hans frilla. Hon omtalade för Atle, att Guðrún stått i brottsligt förhållande till þjódrekr. Häröfver blifver Atle så betryckt, att Guðrún spörjer honom, hvarför han är så tungsint:

Säg mig, Atle,
hvarför är du

städs så sorgsen?
Aldrig ler du.
Andra hjältar
så ej göra.
Du ej ser ens
åt din maka.

Atle svarar:

Vet, jag sörjer,
Giukes dotter.
- Här i salen
Herkia sagt mig,
att du, Guðrún,
har hos þjóðrekr
sofvit, honom
varmt omfamnat.

Då bedyrar Guðrún sin oskuld. Det är blott
hos *en*, den främste af alla hjältar, hon förut
sofvit, och detta långt innan hon blef Atles hustru.
Men om *hon* ock är utan skuld, så är detta ej
fallet med Atle, ty han har mördat hennes bröder:[1]

Aldrig Gunnarr,
aldrig Hogne
komma mer, när
jag dem kallar.
Hogne slikt med
svärdet hämnat.
Nu jag måste
själf mig värna.

_____

[1] Denna dikt förutsätter således så att säga de härefter
följande sångerna Atlakviða och Atlamál.

Eddan.   14

Den grymme Atle vill emellertid se ett ojäf-
aktigt bevis på hennes oskuld och befaller därför,
att hon skall sticka sina händer i en kittel med
kokande vatten och från dess botten upptaga
några kostbara stenar [1]). Guðrún gör så, och hen-
nes händer äro lika hvita som förut:

> Log i bröstet
> Atles hjärta,
> när ej Guðrúns
> händer brändes.
>
> »Nu skall Herkia
> gå till kitteln,
> hon, som Guðrún
> lömskt förtalat.»

Herkias händer blifva däremot skållade, och
hon sänkes ned i ett stinkande träsk. Men —
tillägger den okände skalden — ingen kan fatta
hvad det är att lida, som icke sett Herkias för-
brända händer.

Oddrúnargrátr.

(R)

Atles syster Oddrún besöker en väninna
Borgný, som ligger i barnsnöd, för att genom
sina galder befria denna från hennes plågor. Hon

---

[1]) Detta slag af järnbörd infördes af Olof den Helige
(† 1030), hvadan denna dikt väl svårligen kan vara äldre än
från början af 1000-talet.

träffar en af dennas tärnor och spörjer henne om
Borgnýs tillstånd, hvarefter hon begifver sig till
den sjuka:

> Intet mera
> sen de sade.
> Atles syster
> gick till Borgný,
> började att
> galder kväda,
> mäktig trollsång
> öfver henne.

Oddrún försöker därpå att lindra Borgnýs
kroppsliga kval genom att förtälja för henne sina
egna psykiska marter — ett lika sannt kvinligt
som allmänmänskligt drag. Ur denna 'Oddrúns
klagan' må några strofer anföras.

Hon berättar för Borgný bland annat, att
hennes fader, konung Buðle, strax innan han dog,
bestämde, att hon skulle blifva Gunnarrs brud,
men att hennes syster Brynhild skulle varda en
valkyrja:

> Det var trötte
> kungens sista
> vilja, när hans
> lif var lidet:
> Gaf mig sina
> gyllne skatter,
> skänkte mig som
> brud åt Gunnarr.

Brynhild bjöd han
brynja bära:
hon en sköldmö
skulle varda;
sade, att hon
städse skulle
främst bland kvinnor
fräjdad blifva.

Efter Brynhilds död friar nu Gunnarr till
Oddrún och bjuder en stor brudköpssumma:

Bjöd han för mig
femton gårdar,
Granes börda [1]),
röda guldet.
Dock kvad Atle,
att sin syster
han åt Giukes
son ej sålde.

Men vår kärlek
snart betvang oss:
vid hans bröst mitt
hufvud hvilat.
Snart ock mina
fränder sporde,
att vi båda
varit samman.

Detta berättade också hennes fränder för
Atle, men han ville ej tro det:

---

[1]) Granes börda = Andvares (= Fáfners) skatter.

Atle sade,
att jag aldrig
kunnat så med
brott mig fläcka. —
Ack, det kan man
aldrig säkert
säga, när det
kärlek gäller.

För att emellertid förvissa sig om, huruvida
fränderna sagt sannt eller icke, skickar Atle späjare,
som påträffa Oddrún och Gunnarr tillsammans.
Och då han på detta sätt blifvit öfvertygad om,
att ryktet ·talat sanning, hämnas han genom att
förrädiskt mörda Gunnarr och Hogne, sedan han
bjudit dem till sig — sådan är Oddrúns, den till-
bakasatta, undanträngda, lidande kvinnans subjek-
tiva framställning af orsaken till Giukungarnas
undergång. Därpå förtäljer hon, att hon i det
längsta sökte rädda Gunnarr, men allt var för-
gäfves, och slutar därefter sin klagan med följande
ord:

Undrar ofta,
att jag ännu
kan det hårda
lifvet bära,
sedan Gunnarr
mördats, som jag
högre än mig
själf har älskat.

Du har hört min
tunga saga,
mitt och andras
bittra öde.
Lätt kan den, som
älskar, vinnas.
Nu är lyktad
Oddrúns klagan.

Likasom afsides, bakom kulisserna, förtäljer
den förbisedda, bortskymda Oddrún sitt hjärtas
kval för en lidande medsyster. Det är all den
tröst, som kan beskäras henne. Ty hon fick ej
som den stolta, olyckliga Brynhild bestämmande
ingripa i händelsernas gång; det blef i stället
hennes lott att i tysthet älska och lida.

Sångerna om Atle.

Det har, som ofvan antydts, förmodligen
funnits flera så att säga parallelkväden behand-
lande samma ämne. Så är t. ex. mähända fallet
med Brot af Sigurðarkviðo och Sigurðarkviða hin
skamma, och de båda dikterna om Atle äro ett
obestridbart bevis härpå. Då emellertid skildrin-
gen och framställningen af det ämne, som i dessa
sånger besjunges, äro rätt olika, måste vi be-
trakta hvart och ett af dessa kväden särskildt.
Vi börja då med det tvifvelsutan äldre af dem:

Atlakviða.
(R)

Guðrún är nu vorden Atles hustru och denne
fikar efter Fáfners skatter. Han sänder därför
ett bud till Giukungarna — Gunnarr och Hogne
— och bjuder dem att komma till hans borg.
Guðrún skickar emellertid med budbäraren en ring
ombunden med varghår för att varna sina bröder.
Gunnarr vill ej fästa någon vikt vid detta, men
den mer kloke och försiktige Hogne yttrar då:

> Hvad tror du hon menat,
> · när ringen hon sände
> ombunden med varghår?
> Var det en varning?
> Ej utan skäl hon
> band det om ringen.
> Olycklig varder
> visst denna färden.

Men trots att Hogne afråder, lofvar dock
Gunnarr, att de skola komma. Han talar — heter
det — som det höfves en konung, och bjuder
sina kämpar att vara vid godt mod, om ock detta
skulle blifva deras sista gille. Därefter rida Giu-
kungarna åstad till Atles borg, följda af de kvar-
varandes tårar. —

När de kommit dit, mötas de af Guðrún, som
säger dem, att de äro förrådda. Gunnarr svarar
då, att det nu vore försent att kunna samla en här:

Sade då Gunnarr,
kämparnas höfding:
Syster, försent är att
fränderna samla.
Långt är att sända
bud till de våra
fjärran vid Rhens snabbt
flytande vågor.

Därpå börjar striden mellan Giukungarna och
Atles folk och

Sju fällde Hogne
med svärdet det hvassa,
men han den åttonde
slängde i elden.
Så skall en hjälte mot
fienden strida,
som Hogne då stred för att
värna sin broder.

Giukungarna blifva dock omsider öfverman-
nade och fängslade:

De Gunnarr sen togo
och smidde i bojor,
Burgundernas [1] store,
fräjdade höfding.
Sporde de Goternas [2]
kung, om han ville

---

[1] Detta är det enda stället i Eddan, där det säges, att
Gunnarr (= Gundicarius) var *Burgundernas* härskare.

[2] Här kallas han däremot för *Goternas* konung. Hjälte-
sagan behandlar äfven etnografien tämligen lättvindigt.

köpa sitt lif med det
glänsande guldet.

Men då svarar Gunnarr:

›Hellre skall Hognes
hjärta mig bjudas,
skuret ur bröstet på
dådrike hjälten.» —
Då skuro de hjärtat
ur bröstet på trälen
Hialle och buro det
sedan till Gunnarr.

Sade då Gunnarr,
kämparnas höfding:
›Här ser jag Hialles
hjärta, den feges.
Mycket det darrar
här nu på fatet;
mera det darrade
nyss i hans bröst.»

Därpå skära de hjärtat ur Hogne:

Högt log då Hogne,
när hjärtat de skuro
ur bröstet på honom,
ty hjälten ej visste
hvad klagan vill säga.
Sedan hans hjärta de
buro till Gunnarr.

Sade då Gunnarr,
fräjdade härskarn:
»Här ser jag Hognes
hjärta den tappres.
Litet det darrar
här nu på fatet;
mindre det darrade
nyss i hans bröst.

Sen Hogne har mördats,
är jag den ende,
som kan er säga,
hvar skatten är kastad.
Medan vi båda
lefde, det kunde
möjligen yppats.
kan nu ej hända.

Tigande Rhen skall
ensam nu ega
guldet, som städse
olycka bringat.
Dess ilande vågor
gömma nu skatten.
Aldrig den mera skall
komma i ljuset.»

Därefter föres Gunnarr till ormgropen och
spelar där på sin harpa så, att han tjusar alla ormarna
utom en, som smyger sig fram och sticker honom
i hjärtat. — Guðrún har under tiden gått stolt

219

omkring i salen, sväljande gråten, och när Atle
och hans kämpar komma åter till borgen, går
hon dem till mötes och hälsar Atle:

> Ut gick då Guðrún
> sin make att möta.
> Med bägarn i handen
> hon hälsade honom:
> »Fritt kan du, konung,
> nu skämta i salen
> med dina kämpar:
> de döde — de tiga.» [1]

Sedan hon därefter undfägnat Atle och hans
hird, säger hon:

> »Vet, höge hjälte,
> nu dina söners
> hjärtan du ätit,
> kokta i honung.
> Nu kan du säga
> du mänskokött spisat,
> och det dina kämpar
> i högsätet bjudit.

> Ej dina barn du
> mera kan kalla
> till dina knän i det
> glammande laget.

[1] Förf. har här upptagit S. Grundtvigs tolkning af
denna dunkla rad.

Aldrig du mera
ser dem på bänken
spjutskaften snida och
leka med guldet.»

När Guðrún sagt detta, blef det ett mummel
i salen, och alla kvinnorna utom Guðrún själf gräto
öfver hennes söner. Ty den förtviflade modern
och systern hade annat att göra än att gråta bort
tiden. När Atle hunnit blifva tillräckligt drucken,
dräper hon honom och antänder därefter Buðlun-
garnas borg, så att alla de af Atles kämpar, som
varit med om Gunnarrs mord, måtte varda inne-
brända. Så hämnades Giukes dotter sina bröders
död. —

Atlamál hin grønlenzsko.
(R)

Innehållet i detta kväde är, som ofvan an-
tydts, i det hela detsamma som i den föregående
sången om Atle, men själfva framställningen är
fylligare och på samma gång tunnare. Ämnet
är äfven skildradt på ett något olika sätt mot i
föregående dikt. Här är det ej längre Hogne,
som afråder från att mottaga inbjudningen, utan
det är Gunnarrs och Hognes hustrur — Glaumvor
och Kostbera —, som ana, att färden skall varda
olycksbringande, hvarförutom Kostbera tycker sig

märka, att de runor, som Guðrún med budbäraren sändt sina bröder, måtte blifvit ändrade. Denna framställning är, om man så vill, vackrare, men på samma gång liksom vekare och svagare. I den föregående dikten är ock bevekelsegrunden till Atles förräderi endast det, att han vill bemäktiga sig Andvares skatter, men här är denna uppblandad med ett annat motiv — att Atle äfven vill hämnas på Guðrún, för att hon i striden, då Giukungarna öfvermannades, fällt tvänne hans bröder. Härtill kommer vidare, att det enligt detta kväde ej är Guðrún ensam, utan äfven en af Hognes söner, som dräper Atle. Till sist må ock nämnas, att det storslagna slutet i den föregående dikten — att Guðrún efter mordet på Atle tänder eld på Buðlungaborgen — här ej omtalas. Atlamál är i korthet sagdt en uttänjd och förbleknad omsägning af Atlakviða, hvilket dock ingalunda hindrar, att icke äfven denna dikt eger många vackra ställen.

Vi vilja nu endast dröja vid dessa.

När Atles sändebud framfört sin härskares vänliga inbjudning och blifvit rikligen undfägnade, hemsökas under natten Hognes och Gunnarrs hustrur af olycksbådande drömmar:

Den förra berättar:

> Tycktes mig komma
> en björn in i borgen,
> ramarna sträckte:
> rädda vi blefvo.

Intet mot honom
vi mäktade göra.
Då blef ett väldigt
gny här i salen.

Hogne svarar då sin hustru:
Vinden väl växer
mot oss på färden.
Hvitbjörnen bådar väl
rasande stormar [1]).

Den senare berättar:
Tyckte din galge
färdig var timrad.
Ormar dig stungo,
fast ännu du lefde.
Solen blef bortskymd.
Säg, hvad det bådar!

Men hvarken Gunnarr eller Hogne vilja lyssna
till dessa varnande drömmar och de begifva sig
med ett ringa följe — 'hvilket var föga välbetänkt'
— till Atles borg. Det önskas dem lycka på
färden, hvarvid

Hogne då svarade
fränderna vänligt:
»Varen I glada,
hvad än må hända.»

_____

[1]) Dessa strofer synas tyda på Grönland, eftersom det
endast är mycket sällan, som isbjörnen kommer med drifis
till Island, och i Norge är han fullt okänd.

Städse vid afskedet
lycka man önskar,
men litet det gagnar
dem, som bort fara.

När de kommit fram, förråder Atles budbärare
obetänksamt sveket, och han blifver då genast
dräpt, hvarpå striden begynner mellan Giukungarna
och Atles folk. Guðrún deltager i densamma
samt fäller Atles tvänne bröder. Från morgonen
till middagen varar kampen, och 'hela fältet flöt
af blod' — en efterklang af striden mellan Bur-
gunderna och Hunnerna. Omsider segrade emel-
lertid Atle och Giukungarna blefvo fängslade.
Därpå förtäljes det om dessas död, och sedan
yttrar Atle till Guðrún:

Nu är det morgon.
Fränder du mistat.
Själf är du skuld till att
så det sig fogat.

Han bjuder henne därpå böter, hvilka hon
nekar att mottaga, men säger, att han snart skall
få dyrt betala detta svek. Så tillredes det ett
präktigt graföl öfver Gunnarr och Hogne, men
under tiden kallar Guðrún till sig sina och Atles
tvänne söner:

Lockade till sig de
späda på bänken.
Bleka de blefvo, men

gräto dock icke.
Sprungo till modern;
sporde: »hvad vill du?»

Guðrún säger då:

»Frågen ej detta.
Döda er vill jag.
Länge jag önskat,
ert lif vore lyktadt.»

Sönerna svara:

»Dräp oss då, moder!
Ingen det hindrar.
Snart skall du spörja, att
hämnden ej hvilar.»

Hon gör så och när hennes make om en stund frågar efter sina barn, berättar hon hvad hon gjort. Då ryser till och med den grymme Atle för hennes hjärtlöshet, men Guðrún svarar blott, att nu leker det henne i hågen att äfven dräpa honom, och tillsammans med en son af Hogne utför hon detta dåd. Dödligt sårad vaknar Atle:

Väldige kungen
vaknar ur sömnen.
Såg, att hans sår ej
kunde förbindas:
»Säg mig nu sanning!
Hvem har mig mördat?
Hård var den leken.
Ej länge jag lefver.»

Guðrún svarar:

>Icke vill Grímhildrs
dotter det dölja.
Vållat har *jag*, att ditt
lif nu är lidet.
Sonen af Hogne
äfven dig sårat.

Så växla de många bittra ord och till sist
yttrar Atle:

>Guðrún, du ljuger!
Men litet det båtar
nu våra öden.
Vi båda ha brutit. —
Ett jag dig ber om
— gör det af hjärtat —,
att som mig höfves
jag nu varder jordad.>

Snart var han död och
fränderna sörjde.
Allt hvad han önskat
Guðrún uppfyllde. —
Därpå hon sökte
sitt eget lif taga,
men länge det dröjde dock,
förrn hon fick sluta.

Dessa sista rader häntyda på följande sånger
och visa därmed, att, när detta kväde diktades,

var redan sagan om Iormunrekr ihäktad den
stora sagocykeln om Volsungarna, Giukungarna
och Atle.

Guðrúnarhvot.
(R)

Efter att hafva dräpt Atle störtade sig Guðrún
i hafvet, men böljorna buro henne till konung
Iónákrs land, och där blef hon dennes maka. I
hans borg uppfostrades Guðrúns och Sigurds dotter
Svanhildr, hvilken senare blef gift med den mäktige
konungen Iormunrekr, men då denne, som ofvan
berättats, misstänkte henne för otrohet, blef hon
söndertrampad af hästar. —
Guðrún äggar nu sina söner med Iónákr —
Sorle och Hamðer — att hämnas Svanhildrs död:

Hvi sitten I så
och sofven bort lifvet?
Ledsnen I aldrig
på glädtigt samspråk?
Minnens, att Iormunrekr
lät eder unga
syster bli trampad
sönder af hästar!

Icke I liknen
den härlige Gunnarr.
Ej heller I liknen
den hugfulle Hogne.

Svanhildr I redan
längesen hämnat,
om I mina bröders
hjältemod egden.

Denna »Guðrúns äggelse» är tillräcklig för att
hennes söner skola förklara sig villiga att draga
hän till Iormunrekr och hämnas Svanhildrs död,
hvarpå

leende Guðrún
ut gick ur salen.
Hjälmar och svärd ur
kistorna tog hon,
skyddande brynjor
sönerna skänkte.
Modigt de sedan i
sadlarna stego.

Sade då Hamðer,
hugstore svennen:
»Aldrig, min moder,
ser du oss åter.
I gotiska riket
döden oss väntar.
Tillred ett graföl
öfver oss alla».

När så hennes söner ridit bort, sätter sig
Guðrún att klaga öfver alla sina sorger:

Gråtande Guðrún,
Giukunga-dottern,

satte sig neder
utanför borgen.
Med tårar på kinden
sen hon förtäljde
sin lefnads så bittra
sorgtunga saga.

Och när hon nu går igenom allt hvad hon
lidit, är det, som om hon knappast visste, hvad
som varit tyngst att bära:

»Tyckes mig hårdast
af allt hvad jag lidit,
när Svanhildr, den unga,
trampades af de
hetsade, vilda
hästarnas hofvar.

Men kvalfullast var väl,
när hjältarnas hjälte,
sofvande Sigurd de
dräpte i bädden.

Och grymmast det var väl
af allt hvad jag lidit,
när glänsande ormen
smög sig till Gunnarr.

Dock bittrast det var väl,
när hjärtat de skuro
ur bröstet på leende,
modige Hogne.»

Hon beder därpå den döde Sigurd stiga upp
ur sin graf och trösta henne, men ingen Sigurd
kommer, och för den kvarlefvande Guðrún gifves
det ingen annan tröst än att i minnet ånyo genom-
lefva sina utståndna lidanden.

Hamðesmál.

(R)

Denna dikt, som mycket nära sammanhänger
med den föregående, inledes med följande strof:

> Ej var det i dag,
> ej heller i går,
> det var för länge,
> länge sedan,
> som Guðrún äggade
> sönerna sina
> att hämnas sin syster,
> Svanhildr den unga.

Härefter berättas, huru Guðrún uppmanar
sina söner att fälla Iormunrekr, men anande, hvad
följden skall blifva, tillägger hon:

> »Nu är jag så ensam
> som trädet på heden,
> så fattig på fränder,
> som furan på grenar,
> så fattig på glädje,
> som videt på löf, när
> för brännande solen
> de alla bortvissna.»

Då erinrar henne Hamðer om, huru hennes bröder sveko Sigurd och yttrar därpå:

>Du hjärtat på Atle
visste att träffa,
när dina späda
söner du dräpte.
Svärdet må svingas att
fiender fälla.
Du mot ditt eget
bröst det har riktat.»

Sedan säger Sorle:

>Begråt dina bröder
och dina söner,
fränderna dina,
fallna i striden.
Äfven oss, moder,
du snart skall begråta.
Till döden, som fjärran
oss väntar, vi rida».

Så draga de hän till goternas land och träffa på vägen sin styfbroder Erpr, hvilken de i hastigt mod döda och åsamka därmed sig själfva en blodskuld. När de omsider kommit till Iormunrekrs borg, förtäljes det för denne, att hugfulle kungasöner ha anländt för att hämnas Svanhildrs död:

Gingo då kämpar att
härskaren säga,
det hugstore hjältar
komna nu voro.

»Vet att dig värja!
Vilja nu hämnas
din dödade makas
mäktige fränder».

Skrattade Iormunrekr
väldige kungen,
tog sig om skägget,
modig af ruset,
såg på sin hvita
sköld och i handen
vände han bräddfulla
gyllene bägarn:

»Lycklig jag vore, om
här nu jag såge
Sorle och Hamðer
träda i salen;
skulle dem binda med
bågarnas strängar,
låta i galgen dem
sprattlande hänga.»

Denna hans önskan blir snart uppfylld, ty
strax därpå infinna sig Hamðer och Sorle. och
det ståndar en strid, i hvilken Guðrúns söner visa
sig vara värdiga fränder till Gunnarr och Hogne.
Men när Iormunrekr märker, att järn ej biter på
dem, befaller han, att de skola stenas:

Skrek då den vilde,
väldige härskarn,

>
> stolt i sin rustning,
> som björnarna ryta:
> »Stenen de djärfve
> Giukunga-söner,
> då icke spjut eller
> svärd på dem bita.»

Då kvad Hamðer:

> »Af vore hans hufvud,
> om Erpr ännu lefde,
> vår broder, den tappre,
> vi dråpo på färden.»

Snart är emellertid allt motstånd fåfängt, och båda bröderna falla:

> Stupade Sorle på
> golfvet i salen,
> men Hamðer sjönk neder
> utanför borgen.

* * *

Härmed är ändtligen sista akten af det stora sorgespelet slutad, och Andvares förbannelse har på ett i sanning gräsligt sätt gått i fullbordan.

Grottasongr,
(r)

»På sin tron kung Frode sitter
i demantprydd purpurrock,
ser med välbehag, hur glitter-
strödda dansarinnan spritter. —

— — —

Kanslärn-Mammonsprästen kommer,
gör en sirlig bock,
säger: större arbetskraft
kräfver Grotte än han haft.

— — —

Stackars lilla trälabarn,
som med far och mor och andra
har från härjadt hem att vandra
vägen till kung Frodes kvarn.»

I den så märkvärdigt rika isländska litteraturen
ha visserligen en mängd heroiska sagor blifvit
åt eftervärlden bevarade, men många ha ock gått
förlorade. En af dessa senare är Skioldunga-
sagan, som handlat om de danska sagokonungarna
i *Leire* (isländska Hleiðr) på Själland, bland hvilka
Rolf Krake är den mest fräjdade. Genom några
i andra arbeten anförda utdrag och genom de
Skioldungasägner Saxo i sin Historia danica upp-
tecknat kunna vi dock göra oss en relativt riktig
föreställning om innehållet i denna förlorade saga.
Och vi kunna äfven påstå, att också denna hjälte-
ätts öden varit besjungna i en mängd kväden,
bland hvilka endast ett, nämligen Grottasongr,
blifvit räddadt.

*   *   *

Skioldungaättens stamfader hette *Skioldr* och uppgifves ha varit en son af Oden. Både denne och hans son *Friðleifr* voro mäktiga konungar, såsom ock den senares son *Fróðe*. Under dennes dagar rådde det en stor frid i Nordanlanden, hvilken gyllene ålder på grund häraf kallades för Frodefriden.

Fróðe egde en underbar kvarn vid namn *Grotte*, hvilken hade förmågan att mala allt, hvad de sjöngo, som drogo densamma, men stenarna voro så tunga, att ingen mäktade draga kvarnen. En gång gästade Fróðe konung Fiolner i Svíþióð och köpte därstädes tvänne trälkvinnor *Fenia* och *Menia*, hvilka voro mycket starka. Kung Fróðe var emellertid så oklok, att han blott sporde efter deras styrka och icke efter deras börd.

Han förde nu dessa trälkvinnor med sig hem till Danmark och befallde dem att draga kvarnen samt mala åt honom guld och frid och lycka, men unnade dem ej att hvila oftare, än göken gol.

Då sjöngo trälkvinnorna denna sång:

> Kommit nu till
> kungaborgen
> visa tärnor,
> Fenia och Menia.
> De af Friðleifrs
> son, kung Fróðe,
> äro hållna
> strängt i träldom,

De till kvarnen
ledda blifvit
för att tunga
stenar draga.
Kungen aldrig
lät dem hvila:
ville jämt på
sången höra.

Städs de drogo
stora kvarnen:
»Tag i stocken,
rör på stenen!»
Kungen bjöd dem
mera mala.

Grotte knarrar
under sången,
så att Fróðes
tärnor söfvas.
Då kvad Menia,
trött att draga:

»Nu åt Fróðe
ha vi lycka
malt på trollska
kvarnen Grotte.
Nu på guld kan
kungen sitta
och till fröjder
städse vakna.

Ingen här skall
skada vålla,
ingen något
ondt här stifta,
ej med hvassa
svärdet dräpa
ens sin broders
bundne bane.»

När så trälkvinnorna ett ögonblick upphöra, befaller dem Fróðe att genast fortsätta, unnande dem hvarken rast eller ro. Då svara de, att han ej var så klok, när han köpte dem, alldenstund han endast frågade efter deras *styrka* och ej efter deras *börd*. Därpå berätta de för honom, att de vore af jättesläkt och låta honom vidare veta, att

ej kom Grotte
från grå fjället,
ej ur jorden
tunga stenar.
Jättetärnor
så ej malde,
om de icke
kvarnen kände.

Sedan förtälja de sina föregående öden — huru de klufvit brynjor och rödfärgat svärd samt att de redan en gång förut störtat en konung och upphöjt en annan, men:

»Komna sen till
kungaborgen

utan misskund
vi måst slafva.
Uti smuts och
köld vi tvingats
kvarnen draga.
Ve dig, Fróðe!

Vilja hvila.
Stenen stilla
stånde! Mer än
nog vi trälat.
Städs vi måste
Grotte draga.
Mer än nog vi
malt nu, Fróðe!»

Så bedja de kungen vakna och lyssna till deras sång, när de nu sia hans undergång:

»Ej du Leires
tron skall ega,
inga röda,
gyllne ringar.
Dragom kvarnen
än mer häftigt!
Vi ej värmts af
stridens strömmar.»

Och därpå uttala de förbannelsen öfver Skioldungaätten:

»Dragom kvarnen
än mer häftigt!

Yrsas son skall
hämnden bringa.
Han skall både
hennes son och
broder kallas:
allt vi veta.» [1])

Nu de unga
tursamöar
mala uti
jättevrede,
så att stocken
brister sönder
och de tunga
stenar rämna.

* * *

Likasom i Rígsþula är äfven i denna sång
ämnet af öfvervägande *social* natur. Men här fram-
ställes ingalunda den vackra uppfattningen, att
alla människor äro bröder, 'söner af Heimdall',
utan grundtanken i detta, måhända mycket gamla
kväde är tvärtom den, att 'skilda falla ödets lotter',

---

[1]) Fróðes brorson *Helge* äktade ovetande sin egen dotter
Yrsa och deras son var *Rolf Krake*. Det är denna del af
Skioldungasagan, som utgör ämnet för Öhlenschlägers be-
kanta dikt 'Helge'.

Enligt Grottesången är det Helges son, Rolf Krake,
som hämnas på Fróðe. Eljest berättas det, att det var Fróðes
brorsöner *Helge* och *Hróarr*, som dräpte Fróðe, emedan
han dödat deras fader, sin broder *Halfdan*.

ty det är den skarpa kontrasten mellan herren och slafven, som här skildras. Kung Fróðe — man vore nästan frestad att säga *arbetsgifvaren* Fróðe — sitter i maklig hvila på sin tron och låter trälkvinnorna — *arbetstagarna* — Fenia och Menia oupphörligen draga den tunga kvarnen utan att förunna dem ett ögonblicks hvila, för att de skola hinna mala åt honom så mycket guld och så mycken 'lycka' som möjligt, *ty han kan aldrig få nog.*

Under hans dagar rådde — sades det — den stora Frodefreden och denna tid var i sanning en *gyllene* ålder, ty genom trälarnas arbete dag och natt var det ingen brist på det röda guld för kung Fróðe och hans likar.

Men trälkvinnorna sjunga, att det ej var så välbetänkt af honom att ej spörja efter deras *börd*, när han köpte dem, och de låta honom omsider höra, att de äro af *jättesläkt* och att det endast är genom deras *jättestyrka*, som den trollska kvarnen kan mala guld åt honom. Och när till sist trälarnas — *arbetarnas* — tålamod är uttömdt, då draga de i *jättevrede* kvarnstocken med sådan kraft, att den bräckes. Och dödströtta sia de då i vild förtviflan, att den dag en gång skall randas, när blodsugaren Fróðe skall mista alla sina skatter samt att skam och vanära skall fläcka hans ätt. —

Det är nära nog, som om man i detta fornkväde hörde liksom en förklang till vår tids kanske mest brännande fråga — striden mellan kapitalet och arbetet.

Sångerna om Svìpdagr.

Det är ej lätt att veta, hvarest man rättast bör sätta dessa kväden. Det har framställts den hypotesen, att hufvudinnehållet i desamma — den unge *Svipdagrs* kärlek till den fagra tärnan *Menglöð* — skulle vara en senare omklädnad för en ursprunglig naturmyt. Och vore detta riktigt, så skulle dessa dikter kunna räknas till gudasångerna.

Men i den form, dessa kväden föreligga, torde de kunna sägas stå närmast den senare nordiska balladdiktningen, och det är på grund häraf jag låtit dem följa efter de öfriga eddasångerna.

De två dikterna om Svipdagr — Grógaldr och Fiolsvinnsmál — äro visserligen från rent yttre synpunkt sedt af hvarandra nästan oberoende, men de ha onekligen ett inre samband som så förenar dem, att den senare i viss mån kan betraktas som ett slags fortsättning af den förra. Detta lilla kväde

Grógaldr
(pp)

handlar om, huru Svipdagr, hvilken af en ond kvinna, »som famnade hans fader», blifvit bunden vid den unga mön Menglöð, men som han ej vet vägen till hennes borg, uppsöker han sin döda moder *Gróa*, och väcker med barnakärlekens oemotständliga kraft henne upp ur grafven. Hon kväder

då för sin älskade son en mängd 'lyckogaldrar',
för att han skall kunna vara skyddad mot alla
faror på färden till sin utkorade brud. Hon börjar
med att gifva honom följande råd:

> Skaka ifrån dig
> allt, som kan skada!
> Och själf må du själf dig leda!

Detta — *att Svipdagr städse skall vara
sig själf* — är den bästa lyckönskan den döda
modern kan gifva sin son på vandringen genom
lifvet. Sedan hon därpå sjungit sina lyckogaldrar,
yttrar hon till sist:

> Din moders råd
> bär med dig nu
> och göm dem städse i hjärtat.
> Alltid du lycklig
> varda skall,
> så länge du minns mina ord.

* ———

Fiolsvinnsmál.
(pp)

Svipdagr har kommit fram till Menglöðs borg
och mötes där af väktaren *Fiolsviðr*. Då den
förre ej vill uppgifva sitt rätta namn, uppstår dem
emellan en längre ordväxling, i hvilken Fiolsviðr
berättar för Svipdagr, huru omöjligt det vore att
komma in i borgen, och slutar med att förklara,

att detta endast vore den unge Svipdagr förunnadt.
Då yppar denne nordiske Aladdin sitt rätta namn,
och genast öppnas borgens portar för honom, under
det att Fiolsviðr går in för att omtala för Menglöð,
att den länge väntade svennen nu ändtligen vore
kommen. Menglöð skyndar då emot denne, och
med kärlekens intuitiva blick veta de båda ögon-
blickligen, att de tillhöra hvarandra. I jublande
lycksalighet utbrister då Menglöð:

Länge jag längtat
efter ditt möte,
likasom du efter mitt.
Nu är det ändtligen
sanning, att vi
skola lefva lifvet tillsammans!

Med detta kärlekens segerrop öfver att alla
hinder omsider äro öfvervunna slutar dikten.

* * *

Dessa tvänne kväden ega ett speciellt intresse
därigenom, att det i senare tider blifvit uppvisadt,
att de äro nära befryndade med en svensk-dansk
folkvisa om »Unge herr Svedendal» (= »Ungen
Sveidal»), enligt en annan uppteckning »Hertig
Silfverdal». Och vi ega således också här ett
bevis på, att de ämnen, hvilka behandlas i de
norsk-isländska eddadikterna, varit, åtminstone del-
vis, besjungna äfven i Sverige och Danmark.

Vi ha härmed slutat vår lilla redogörelse för de kväden, man vanligen brukar räkna till eddadikterna. Såsom vi ofvan yttrat, finnes det dock åtskilliga mer eller mindre fullständigt bevarade fornsånger i de isländska hjälte- och släktsagorna, hvilka med full rätt kunna sägas tillhöra denna folkpoesi. Så är, som nämnts, speciellt fallet med de heroiska kvädena i Hervararsagan och den vackra dikten Darraðarljóð i sagan om den lagkunnige Niall. Men utrymmet förbjuder oss att dröja vid dessa sånger.

Vi vilja i stället endast nämna, att jämte de kväden vi nu betraktat, har det bevisligen funnits ett stort antal sånger, hvilka samtliga gått förlorade. Såväl i den s. k. Snorre-Eddan som i Volsungasagan finnas nämligen flera lösryckta strofer och värsrader anförda ur åtskilliga eljest obekanta guda- och hjältesånger. Och därför kan äfven i stort sedt hela den s. k. Sæmundar-Edda betraktas som ett kanske ringa brottstycke af den forna eddadiktningen.

Tillägg.

Sólarljóð
(pp)

På samma sätt som skaldevisorna småningom öfvergingo till religiösa uppbyggelsedikter, tenderade ock den folkliga eddadiktningen till att öfvergå till en kristen poesi. Och härpå ega vi ett märkligt bevis i den vackra sången Sólarljóð.

Det är nog sannt, att man i flera af de egentliga eddakvädena kan spåra eller åtminstone misstänka ett större eller mindre inflytande af kristna åskådningar, hvartill.kommer, att några bland dessa sånger torde vara diktade först sedan kristendomen blifvit införd i Norden, men de äro dock alla till sin grundton hedniska.

Sólarljóð är däremot en till andan värkligen kristen dikt, är så att säga en döpt eddasång, ty åskådningen och innehållet äro kristna, men framställningssättet och stilen äro ännu hedniska.

Detta kväde är i det hela en lärodikt, i mångt och mycket en kristen motbild till Hávamál. Å ena sidan saknar det denna fornsångs djupa människoförakt och dess stolta, humana resignation, men å andra sidan höjer sig denna 'solsång' på den religiösa inspirationens vingar till det eviga lifvets värld, och skalden skildrar för oss både helvetets fasor och paradisets härlighet. På grund häraf kan man med viss rätt säga, att detta kväde är på samma gång en efterklang af Hávamál och en förklang till Dantes Divina Comedia, ehuru det visserligen må villigt erkännas, att klyftan mellan denna isländska fornsång och Dantes underbara vision är omätligt djup.

Legenden förmäler, att Sólarljóð skulle ha författats af den förut nämnde Sæmundr Sigfússon, samt att han på tredje dagen efter sin död skulle ha rest sig upp ur dödsbädden och kvädit denna dikt. Detta kan vara poetiskt sannt. Ty det är uppenbart, att denna sång är skrifven af en skald, som redan var fullt genomträngd af den kristna världsåskådningen, men det oaktadt ännu ej kunnat fullt frigöra sig från den gamla asaläran, eftersom han ej kunnat underlåta att då och då häntyda på en och annan hednisk myt.

* * *

Dikten börjar med en skildring af en mängd dygder och laster, hvilka ställas i motsats till hvarandra för att framhålla, hvilka skilda följder de hafva. Detta gifver skalden en osökt anledning att uppmana en hvar till besinning och bön.

Därpå framställer han, huru tungt det är att dö och skiljas från allt hvad man har kärt i denna kvalens värld. Det är här det vackra afskedet till solen förekommer, hvilket har gifvit dikten dess namn Sólarljóð (= Solsången).

Vi anföra några strofer:

Solen såg jag,
dagens stjärna,
sjunka i brusande böljor.
Och jag hörde
dödens port
gnissla tungt därnere.

Solen såg jag,
med blodrunor ristad,
när min dag var liden.
Hon mig tycktes
då mer skön,
än förut hon varit.

Solen såg jag.
Tycktes mig
som Herren gud jag såge.
För sista gången
jag i lifvet
böjde då mitt hufvud.

Solen såg jag
med sorgsen håg,
när min dag var liden.
Ren min tunga
stelnad var,
allt för mig var kallnadt.

Solen såg jag
aldrig mer
efter denna dag,

fjällens floder
flöto öfver mig:
jag kallad blef från kvalen.

Sedan färdas den döde genom både helvetet och himmelen och efter att hafva skildrat såväl de fördömdas marter som de saligas lycka ut-brister han:

Höge Fader,
Höge Son,
Himlars Helge Ande!
Beder dig,
vår skapare:
fräls oss ifrån ondo!

Till sist vänder han sig till sin åhörare och beder honom förtälja för människorna 'denna Sólarljóðs saga':

Denna sång
jag nu dig lärt
du för de lefvande skall kväda,
denna solens
sång, som är
lifvets sanna saga.

Vi skiljas nu.
Vi träffas åter
på glädjens stora dag.
Herre! Gif
de döda ro,
och tröst åt dem, som lefva!

Jag i drömmen
diktat har,
men dock sanning sagt.
Hittills ingen
födts, som hört
denna sång till solen.

*   *   *

Det kan ej nekas att detta egendomliga kväde, ehuru det faller öfver detsamma en helt och hållet ny dager, på ett värdigt sätt afslutar den fornnordiska (norsk-)isländska eddadiktningen. Det framställer så att säga denna folkpoesis egen vackra solnedgång.

14 DAY USE

RETURN TO DESK FROM WHICH BORROWED

LOAN DEPT.

This book is due on the last date stamped below, or
on the date to which renewed.

Renewed books are subject to immediate recall.

8 Oct 57 GC	
REC'D LD	
OCT 8 1957	

CPSIA information can be obtained
at www.ICGtesting.com
Printed in the USA
LVOW09s0902160817
545177LV00014BA/586/P